最新 図解で早わかり

Mobility as a Service

MaaSが
まるごとわかる本

楠田悦子・森口将之［著］

ソーテック社

はじめに

本書のテーマである MaaS の中身については、このあと解説していますので、ここでは「言葉」にスポットを当てたいと思います。

MaaS がモビリティ・アズ・ア・サービスの略であることは知っている方もいるでしょう。直訳すればサービスとしてのモビリティとなります。やや漠然とした表現で、それが誤解につながるのかもしれません。

ただこのような言葉の使い方は、ほかにも数多くあります。例えばディープラーニングは、直訳すれば深く学習することになりますが、現在はもっぱら AI 分野の専門用語になっています。

最近は講演などで、MaaS はオーケストラのようなものと紹介することがあります。オーケストラはバイオリンやクラリネットなど、個性的な音を出す多彩な楽器が演奏者とともに集まります。もちろん単体でも音楽を奏でられます。しかし作曲家によって異なる音がひとつの旋律に編み込まれ、指揮者のタクトに従ってひとつの楽曲を演奏することで、まったく違う音が生み出され、私たちを感動させてくれます。

しかもオーケストラは、素晴らしい音楽を聴衆に届けるという点では一種のサービスであり、多彩な楽器を統合することで新たな感動を生み出しているという点で、MaaS に通じると思っています。

これまでのモビリティシーンでは、鉄道とバスの優劣を議論するような場面が多かったと記憶しています。それはバイオリンとクラリネットの優劣を決めるようなものです。オーケストラはそれぞれの楽器が得意分野を活かして共演していくことで実現します。MaaS はそれに近い考えをモビリティに取り入れたものでもあるのです。

本書では図版を多用し、細分化は避け、実例を多く出すなどして、わかりやすい表現を心がけたつもりです。ひとりでも多くの方が MaaS に興味を持ち、展開のために役立てていただければ幸いです。

2020年4月　森口将之

Contents

Contents

MaaS巻頭用語集

本書を読み進めるにあたり必要かつ基本的な用語を定義づけし、まとめました。

MaaS（Mobility as a Service）

さまざまな種類の交通手段を、オンデマンドで利用できるひとつのサービスに統合する概念です。MaaSという言葉は2012年にフィンランドで生まれました。

・都市型MaaS

人口密度の高い都市部で展開するMaaS。フィンランドの首都ヘルシンキのMaaS Globalが提供するWhimが代表格となります。

・地方型MaaS

人口密度の低い地域で展開するMaaS。郊外型や過疎地型など、より細分化した表現もありますが本書では地方型と総称します。

・ 観光型MaaS

観光客を対象としたMaaS。日本独自のMaaSであり、JR東日本と東急が実証実験を行っていたIzukoなどがあります。

モビリティ

直訳すると「移動性」「動きやすさ」となります。交通手段そのものを指すこともありますが、正確には移動がどのように向上するかを含めた意味になります。

・モビリティサービス

自分の運転によって移動するのではなく、交通事業者などが運賃や料金を徴収し、移動サービスを提供するものです。既存の鉄道やバスも該当します。

オンデマンド

決められた時刻どおりに運行する通常のバスとは違い、利用者から要求があった際に提供する乗り合いバスやタクシーのサービスで、デマンドと略すこともあります。

マルチモーダル

多様な交通手段を連携させ効率的な移動や物流を提供する状態で、マイカーから公共交通への転換など、実行に向けた取り組みはモーダルシフトと呼ばれます。

API（Application Programming Interface）

複数のアプリのプログラムを接続するための規格です。この規格を用いることで、あるアプリから別のアプリの機能を呼び出して使うことが可能になります。

CASE（Connected、Autonomous、Shared & Services、Electric）

ドイツの自動車メーカー、ダイムラーが提唱したキーワードで、コネクテッド、自動運転、シェア・サービス、電動化という、次世代自動車産業で重要となる4つの技術を総称したものです。

・コネクテッド

車両に通信機器を搭載することで、緊急通報システムや車両診断、周辺情報紹介などを行うことです。シェアリングでも不可欠な技術であり、利用者サイドのコネクテッド技術はMaaSの一部になります。

・自動運転

人間が運転するときに行う認知・判断・操作の3要素をセンサーやAIなどで置き換え、自動走行を行うものです。マイカー、移動サービス、物流サービスの3種類があり、MaaSでは移動サービスと関係があります。

・シェアリング

個人が所有するのではなく複数の人間が共同利用する状況で、現在は住居やオフィスなど多分野で展開しています。CASEでは自動車や自転車などの移動手段について共同で利用するサービスを指します。

ライドシェア

マイカーのドライバーと利用者をアプリでマッチングし目的地の設定や料金収受を行うサービス。日本では法律で禁止されていますが、米国をはじめ多くの国や地域で普及しています。

ICT（Information and Communication Technology）

直訳すると情報通信技術。ITと似た意味ですが、ITがハードウェア寄りの技術を重視するのに対し、インターネットのような通信を利用した情報や知識の共有を重視するという違いもあります。

ITS（Intelligent Transport Systems）

直訳すると高度道路交通システム。日本では、人と道路と自動車など交通手段の間で情報の送受信を行い、事故や渋滞、環境などの課題を解決するためのシステムとしています。

MaaSプラットフォーム（ホワイトラベル）

MaaSを展開するために用意された基盤のことで、提供事業者はプラットフォーマーと呼びます。システムと表すこともあり、MaaSでシステムのみを提供する状態をホワイトラベルと呼ぶことがあります。

MaaSオペレーター

MaaSアプリを提供する事業者。交通事業者と利用者をつなぐ役割であることからこの言葉が使われるようです。自らプラットフォームやシステムを構築する事業者も多く存在します。

第1章

MaaS とは何か

モビリティ・アズ・ア・サービスという曖昧な語源のためもあり、誤解している人も多いMaaS。誕生のルーツをたどりながら真の意味を明らかにしていきます。

「いまさら聞けない」人のための基礎知識
そもそも MaaSとは何のこと？

■ MaaSの基本

MaaS（マース）とは「Mobility as a Service（モビリティ・アズ・ア・サービス）」の略で、「マース」と発音されています。「モビリティ」を直訳すると「移動」「可動性」「機動性」「流動性」などで、一般的には「交通手段」そのものを指したりしますが、広義には**移動のしやすさ**とも言えるでしょう。MaaSは特に移動に関する新しい概念なので、**移動のしやすさを、従来の交通手段（マイカーや電車など）つまり「モノ」の提供によってではなく、「サービス」によって実現する**という意味合いが込められています。

それでは、MaaSとは何でしょう？

MaaSの概念を提唱した人がいます。フィンランド発のベンチャー企業MaaS Global（マース グローバル）を創設したSampo Hietanen（サンポ ヒエタネン）氏です。彼が目標としたことは**「あらゆるモビリティサービスを組み合わせて、クルマを所有する生活よりも、より良い生活を実現するサービスを作り出すこと」**です（図1-1-1）。

「あらゆるモビリティサービス」つまり、既存の公共交通（鉄道、バス、路面電車）に加えて、ICT（情報通信技術：Information and Communication Technology）の進展により生まれた「次世代モビリティサービス」（**表1-1-1**）、例えばライドシェア（**→P.105**）、カーシェアリング、自転車シェアリング（自転車シェア）などを組み合わせれば、マイカーを所有するより環境面でもより良い暮らしができるのではないか、というアイデアです。

欧州は日本より環境に対する意識が高く、都市交通を積極的に整備しています。都市部のクルマの台数を減らして、環境に優しい移動手段に転換しようとする意識が自治体や市民に根づいています。

図1-1-1 MaaSのイメージ

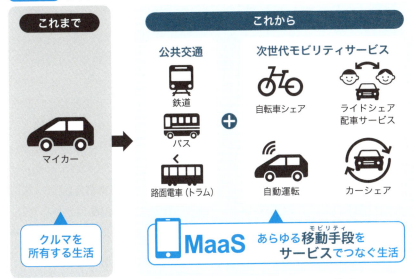

移動手段を「所有」（マイカー）する生活から、さまざまな移動手段を「利用」する生活へ

表1-1-1 ICTの進展によって生まれた次世代モビリティサービス

既存サービス	次世代モビリティサービス
タクシー	タクシー配車サービス
レンタカー	カーシェアリング
レンタサイクル	自転車シェア
―	ライドシェア
―	電動キックボードシェア
―	自動走行バス・タクシー

ICT、特にスマートフォンの普及・発達により、移動手段の選択肢が増えつつある

　事実、マイカーをバスや電車といった公共交通に切り替えたり、長距離トラック輸送を貨物列車や貨物船との併用にするなど、多様な輸送手段を組み合わせることで環境負荷を減らす**マルチモーダル**の考え方は古くからありました。MaaSは、旧来のマルチモーダルの考え方に次世代モビリティサービスを組み合わせたものという見方もできるでしょう。こうした考え方が現在、世界的な潮流となっているのです。

■ 日本でMaaSが着目され始めた大きな理由

　MaaSは、2015年10月にフランスのボルドーで開催されたITS世界会議で、フィンランドから提唱されたことで、世界的に注目されるようになりました。

　日本で特に着目されるようになった理由としては、**トヨタ自動車の影響**が大きいです。2017年にトヨタフィナンシャルサービス、あいおいニッセイ同和損保、デンソーが相次いでMaaS Globalに出資しました。さらに2018年1月に米国ラスベガスで開催された家電見本市CES（Consumer Electronics Show）では、トヨタの豊田章男社長が「**自動車業界は100年に一度の大変革の時代**」に入っていると語り、**トヨタを「自動車を作る会社」から「モビリティカンパニー」にモデルチェンジする**と表明しました（➡ P.118）。

　同時に、そのCES会場でトヨタがMaaSの使用を想定した次世代無人運転電動シャトルe-Palette Concept（図1-1-2）や、そのプラットフォームであるMSPF（モビリティサービス・プラットフォーム）の構想イメージを紹介したため（図1-1-3）、MaaSが脚光を浴びるようになりました。

自動車業界内から起こった技術革新「CASE」からMaaSへ

　MaaSと時を同じくして、自動車業界の変革を表すキーワードとして着目されたのが、常時**インターネットなどとクルマがつながる**（Connected）、**自動運転**（Autonomous）、**シェアリング＆サービス**（Shared & Services）、**電動化**（Electric）の頭文字をとった「**CASE**」です。CASEは元々、自動車業界の今後の技術や構造改革について表現したキーワードでした。しかし、自動運転やサービスを展開するモビリティカンパニーになろうとすると、自動車業界という閉じた業界ではなく、他のさまざまな移動手段を鑑みて事業を展開する必要性に迫られます。そのため自動車メーカーも、さまざまな移動手段を組み合わせてサービスを提供するMaaSに着目するようになってきています。併せて、MaaSの導入は自動運転を展開するプロセスとしてちょうどよいと目をつけています。

図1-1-2 e-Palette Concept

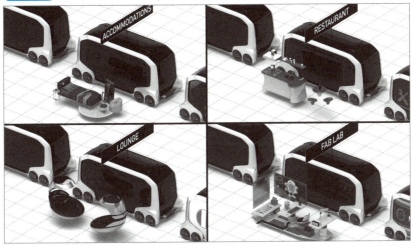

デザインは低床・箱型で広い空間を実現。ライドシェア、レストラン、ピザの配達や移動宿泊施設など、さまざまな用途を想定している

出典：トヨタ自動車ニュースルーム（https://global.toyota/jp/newsroom/）より引用

図1-1-3 MSPFのイメージ

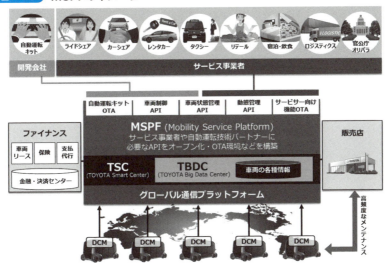

各車両に搭載されたDCM（データコミュニケーションモジュール）から取得したさまざまなデータを、自社だけでなく他業種にも提供して、利便性を高める

出典：トヨタ自動車ニュースルーム（https://global.toyota/jp/newsroom/）より引用

都市計画まで視野に入れた「コネクテッド・シティ」

　さらにトヨタは2020年のCESで、CASEやMaaS、パーソナルモビリティ、ロボット、スマートホーム、人口知能（AI）などのテクノロジーを導入して検証する実証都市「**コネクテッド・シティ**」を、2020年末に閉鎖予定の静岡県裾野市のトヨタ東日本東富士工場の跡地（約70.8万平方メートル）に作ると発表しました。コネクテッド・シティの名前は「<ruby>**Woven City**<rt>ウーブン シティ</rt></ruby>」で、初期の段階にはトヨタ従業員やプロジェクト関係者など約2000名が住民になる予定です（**図1-1-4**）。

図1-1-4 トヨタが計画する「Woven City」

実際に暮らしながら、自動運転、MaaS、パーソナルモビリティ、ロボット、スマートホーム技術、AI（人工知能）技術などを導入、検証できる実証都市

出典：トヨタ自動車ニュースルーム（https://global.toyota/jp/newsroom/）より引用

Column

MaaSは人によって定義が異なる

　MaaSに関わる業界は多種多様です。公共交通、次世代モビリティサービス、自動車、携帯電話、インターネット、自治体、観光、都市開発、住宅、保険など、ほぼすべての業界に関連してきます。各業界によって課題、思考、顧客、ビジネスモデル、思惑が異なるため、MaaSの見え方や整理の仕方が異なります。

　国土交通省と経済産業省ですら定義が異なります。国土交通省は、フィンランドから提唱されたMaaSの定義（狭義のMaaS）を採用しています。一方、経済産業省は、IoTやAIを活用した新モビリティサービスすべてをMaaS（広義のMaaS）と定義しています。狭義と広義のMaaSの定義の分けかたは日本独自の取り組みで、海外では狭義のMaaSの定義が一般的です。

図1-1-A　経済産業省が定義する広義のMaaS

IoTやAIを活用した新しいモビリティサービス
（広義のMaaS：Mobility as a Service）

マルチモーダルサービス（狭義のMaaS）
複数の交通モーダルを統合し、一元的に検索・予約・決済が可能なサービス

　　等

周辺サービス連携・駐車シェア等

カーシェア・デマンドバス・マイクロトランジット・相乗りタクシー 等
新たな移動手段を提供、既存の交通手段の利便性を向上するサービス

　等

等

貨客混載・ラストマイル配送無人化 等
物流サービスの高効率化、省人化・無人化を実現するサービス

出典：経済産業省「新しいモビリティサービスの普及拡大と経済の活性化に向けて」
　　　（https://www.meti.go.jp/press/2018/01/20190118006/20190118006-1.pdf）
　　　より引用

　また自動車メーカーは、自動車産業の構造変革「CASE（Connected、Autonomous、Shared & Services、Electric）」の文脈からMaaSを捉えています。

　MaaSについて仕事で関わる際は「御社は何業界ですか？　課題は何ですか？」「御社のMaaSの整理の仕方を教えてください」と意見交換することをおすすめします。

世界一の携帯電話会社が育んだ情報通信社会

MaaSがフィンランドで生まれた理由

■ 運輸と通信が同一組織

MaaSはフィンランドで生まれました。2006年に構想が生まれ、公的組織や大学などで研究が進められた後、10年後にスマートフォンアプリの形で世に出ました。

なぜフィンランドがMaaSを生み出すことができたのか。理由はいくつかあります。

ひとつは国の組織です。フィンランドには首相府、外務省、法務省、内務省、防衛省、財務省、教育文化省、農林省、運輸通信省、労働経済産業省、社会保険省、環境省の12省があります。MaaSを担当しているのが**運輸通信省**であることは想像できると思いますが、注目すべきは**運輸と通信の分野を1つの組織が担当している**ことです。

フィンランドが国家として独立を果たしたのは1917年です。それ以前は1155年からスウェーデン王国の一部であり続けており、1700年からはロシアとの戦争が何度か勃発した末、1809年にフィンランド全域がロシアの支配下となっています。

運輸通信省はロシア統治時代の1892年、当時のフィンランド上院に設置された交通システム委員会がルーツで、その後、運輸省となり、1917年の独立に際して運輸公共事業省となりました。1970年には運輸省と労働省に分割され、前者が2000年に運輸通信省（Ministry of Transport and Communications）になりました。

通信と名のつく省庁が生まれたのはこのときが初めてでしたが、それ以前からこの分野は運輸省が担当していました。

MaaSはICTを活用してマイカー以外のすべての移動を1つのサービスと

して捉え、シームレスにつなぐ新たな移動の概念です。

　フィンランドのような体制の国は、欧州ではスイスなどほかにもあります
が、運輸は国土交通省、通信は総務省に分かれる我が国より、**ICTによる交
通改革を進めやすい体制**だったからかもしれません（**図1-2-1**）。

第1章

図1-2-1　フィンランドと日本の管轄省庁の違い

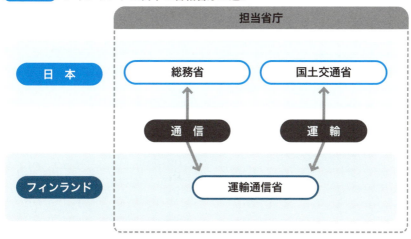

フィンランドでは運輸と通信が同一組織

■ 自動車メーカーがないフィンランド

　MaaSが多くの人に受け入れられると、自動車の販売台数の減少が予想さ
れます。自動車メーカーにとっては歓迎すべき動きとは言えないでしょう。
しかし、フィンランドには自動車メーカーはありません（**図1-2-2**）。

　フィンランドのMaaSは、**ITSフィンランド**という組織が導入に大きな役
割を果たしました。ITSとは「高度道路交通システム」のことです。世界各
国に公的組織があり、日本にもITSジャパンがあります。ITSフィンランド
が2004年に設立したのに対し、ITSジャパンの前身は1994年に組織してお
り、2001年にITSジャパンという名称になっています。

　ITSジャパンの公式ウェブサイト[※1]によれば、ITSとは「**人と道路と自動
車の間で情報の受発信を行い、道路交通が抱える事故や渋滞、環境対策な**

※1：http://www.its-jp.org/about/

図1-2-2 フィンランドの自動車は外国製

他国メーカーの自動車が走るヘルシンキの道路　　　　　　　　　　（著者撮影）

ど、さまざまな課題を解決するためのシステム」としています。ITSフィンランドも、日本を含めた他国のITS組織と同様に、高度交通システムの研究・開発・展開を推進し、交通分野の安全性や効率性を向上させることを目的としています。

地域性によって異なる各国のITS

　ただし、自動車関連会社が会員に多く名を連ねるITSジャパンとは異なり、100以上の組織が属しているITSフィンランドの代表的企業は、公式ウェブサイト※2によれば、「**HSL**（ヘルシンキ地域圏交通政策局）」、世界に先駆けてMaaSアプリを開発提供した「**MaaS Global**」のほか、スウェーデンに本拠を置きフィンランドでも展開する半官半民の電話会社「Telia」、ICTサービスプロバイダーの「CGI」などとなっています。

　世界中のITS関連組織が同じ方向を目指しているわけではないことはITSジャパンのウェブサイトでも触れています。欧州の動向として、地域特性に応じたモビリティマネージメント、歩行者・自転車や公共交通への道路空間の再配分、官民連携を柱とした総合的な都市交通政策が各都市で急速に展開・実現されていることを紹介しており、環境に優しくスマートで安全性の高いシステムの開発を目標に揚げています。

　MaaSの登場にITSフィンランドが深く関わったのは、自国に自動車メ

※2：https://www.lvm.fi/

ーカーを持たないバックグラウンドが関係していると思っています。

■ノキアの携帯電話が果たした役割

　もう1つ、かつて携帯電話の販売台数で世界一の座に君臨し、日本でも端末が販売されていた「**ノキア**」の存在は欠かせないと考えています。

　ノキアは最初から携帯電話の会社だったわけではありません。創業は1865年と、今から150年以上も前のことで、当時のフィンランドの主力産業だった製紙パルプ工場からスタートしました。

　まもなくノキアはゴム長靴や通信用ケーブルを製造する会社と合併すると、1960年代には通信用ケーブル事業を発展させる形でエレクトロニクス部門を設立。電話の開発も始めました。

　その後のノキアは金属、科学、家電、通信分野などさまざまな分野に進出し、携帯電話も手掛けます。しかしこの拡大経営が同社を苦境に陥れます。日本でもバブル崩壊と称された、1990年代初めの経済危機の影響をまともに受けてしまったのです。ほかのフィンランド企業も大きな打撃を受け、失業率は一時は20%に達しました。国家の危機とまで言われるほどでした。

　そこでノキアは大胆なリストラを敢行します。パルプや長靴の製造、家電事業などを売却し、**携帯電話を核とする通信事業に集中**したのです（**図1-2-3**）。

　当時はフィンランドであっても、携帯電話は一部の富裕層が持っていたに

図1-2-3　フィンランドのデジタル化を推進したノキア携帯電話

ノキアはスマートフォンに近い機能を持つ「コミュニケーター」も開発　（著者撮影）

過ぎず大きな賭けでしたが、結果的にはその後、携帯電話市場はノキアの予想をはるかに上回る伸びを見せ、会社は息を吹き返しました。多くの国で通信サービスの自由化が進んだことも成長を後押ししました（図1-2-4）。

　ノキアの復活を見て、当時の政権は情報産業を新たな柱として考えるようになり、国外から優秀な技術者や研究者を呼び込むべく、彼らの所得税率を自国民に比べ低くするという優遇措置まで導入しました。

　こうして1998年ノキアは世界最大の携帯電話メーカーとなり、翌年フィンランドは世界でもっとも携帯電話が普及した国になりました。当時の普及率は64%で、同じ時期の日本の39%を圧倒していました。

　しかし2007年にAppleがiPhoneを登場させたことで、携帯電話の分野にゲームチェンジが起こり、従来型の携帯電話はあっという間に脇役になってしまいました。ノキアはまもなく携帯電話から撤退します。

　この動きを見て「ノキアは終わった」と思った人は多かったようですが、**ノキアは携帯電話と並行して、通信インフラへの取り組みも進めており、こちらは現在も同社の基幹部門**です。交通分野にも進出しており、鉄道運用ネットワーク、高速道路の自動化システム、空港運営ネットワークなどを手掛けています。またヘルシンキでは、元ノキアの技術者がMaaS分野で活躍しており、**MaaSという名前の発案もノキア出身者によると言われています**。

　世界に先駆けて携帯電話を一般化し、通信産業をフィンランドの主力産業に成長させたのはノキアの功績です。ノキアがMaaSの開発と普及に大きな役割を果たしたことは間違いないでしょう。

図1-2-4 世界の携帯電話普及率の比較

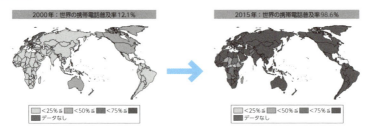

21世紀初頭のわずか15年間で全世界での携帯電話普及率が12.1%から98.6%になった

出典：総務省「平成29年版情報通信白書」
　　　（https://www.soumu.go.jp/johotsusintokei/whitepaper/ja/h29/pdf/index.html）より引用

Section 1-3 データとAPIのオープン化
法改正でMaaSを加速させるフィンランド

　前節で紹介したように、フィンランドは情報通信産業が発達した国です。日本の国土交通省と総務省にあたる運輸通信省がMaaSに関する法整備を進めています。同省はどのようにMaaSを捉え、どのような法整備を行ってきたのか、現地取材を交えてお伝えします。

■ データのオープン化ですべてを変える

　交通分野は、法律で秩序を確立しなければ公正な競争や利用者の安全が確保しにくい分野です。そのためバス、タクシー、鉄道、船舶など種類ごとに事業法があります。日本においてはタクシー事業やバス事業などの陸上交通に関しては道路運送法、鉄道事業は鉄道事業法、海上での人や物を船舶で運送する場合は海上運送法、航空機を使用する場合は航空法です。主に国土交通省が規制監督を担っています。

　フィンランドも日本と同様、バス、タクシー、鉄道などの交通事業者ごとに異なる規制で市場を調整していました。しかし交通事業の多くは赤字で、補助金の支出がかさむことが自治体や国の悩みの種となっていました。また、移動手段をシームレスにつなぐのがMaaSですから、その実現のためには事業者を縛る規制を撤廃し、デジタルデータを活用したサービスを創出できる環境を作る必要もあったのです。

　2018年1月、フィンランド政府は「Act on Transportation Services（交通サービスに関する法律）」を施行し、**自動車、鉄道、航空、船舶など事業者ごとに分化していた法律を一本化**しました。

　運輸通信省でシニアオフィサーを務めるAltti Iiskola氏によれば、この法律の要は大きく2点あります。

❶ 規制を段階的に撤廃し、各交通事業者が独自に持つデータとAPIのオープン化

❷ 利用者視点に立ったサービスの提供

　データとAPIのオープン化が実現すれば、事業者の垣根を越えた、まさにMaaSらしい交通サービスの創出を促進できるでしょう。また、各事業者が独占していたテクノロジーやノウハウを皆で共有することになれば、今後登場する新サービスへの利害関係が一変します。

　例えば、チケット予約のAPIが統一されたら、事業者にとっての開発効率は間違いなく上がります。それと同時に、ユーザーにとっては利用するインターフェースが違っても同じ機能を使えるなら、自分の好みに応じたサービスを選べるので、結果的に利便性の向上につながります。

　法改正以前は事業者に分化された利害関係が、以後はMaaSという思想的背景のもと、政府・交通事業者・MaaSプラットフォーマー・ユーザーな

Column

APIとは

　API（Application Programming Interface）という聞き慣れない用語が登場したので説明しておきます。これは「インターフェース」という言葉から連想されるように、別々のプログラム同士を「接続」するための規格です。プログラム同士をつなげることにより、あるプログラムの機能を別のプログラムから呼び出して使う、といったことが簡単に行えるようになります。

　例えばGoogleマップ APIは、Googleマップを呼び出せるAPIです。ウェブサイトの制作者がルールに従って、このAPIのコードをソース内に貼り付けると、Googleマップを表示させる（呼び出す）ことができます。さまざまなWebサイトやアプリ内で、Googleマップを目にする機会が多いですが、APIを利用することで実装が簡単になるだけではなく、ユーザーにとっては「同じ見た目」「同じ操作感」を実現できるわけです。

　このように、APIはあるプログラムと別のプログラムを接続する際の決まりごと（規格）をプログラムとして、開発者に提供したものです。ほかに身近な例として、SNS各社が提供するAPIがあります。ウェブサービスで会員登録する際、TwitterやGoogleアカウントで登録できることが多いのですが、それもAPIのおかげです。

　こうしてみると、Altti Iiskola氏が繰り返し述べていた「APIのオープン化」が、MaaSアプリ・サービスを加速させるための要だったことがよくわかります。

ど、サービスを通した広範囲な関係に変化することがわかるでしょう。さらにオープンデータは、結果として第2の要「利用者視点に立ったサービスの提供」につながっていく施策であることも、容易に理解できます。

■ MaaS市場の枠組み作り

MaaS Globalによると、MaaSの市場形態は大きく3つのタイプに分かれると予測されています（**図1-3-1**）。

❶ 一社独占型
文字通り、巨大なプラットフォーマーが一国の交通サービスを独占するような市場形態です。極端なイメージとしては、JRが日本の交通サービスを独占するようなもので、現実的とは言えません。

❷ 交通連合型
複数の交通事業者が共同で1つのプラットフォームを提供する形態です。イメージとしては、JR、地下鉄、バス、タクシーなどすべての交通手段を1つのアプリで利用するようなもの。もちろん、単に支払いができるだけでは既存の交通系ICカードと同じなので、時刻表やルート検索、予約や配車まで含めた「サービスの統合」が図られているアプリであることは言うまでもありません。例：DB（ドイツ鉄道）、SBB（スイス連邦鉄道）、Izukoなど。

❸ ローミング型
複数のプラットフォーマーが参入でき、かつ利用者は好きなサービスを選択できるという自由な市場形態です。イメージとしては、通話・SMS・インターネットといったサービスがどのキャリアを選んでも、機能は等しく提供されるという、携帯電話の市場形態と似ています。例：Whimなど。

Altti Iiskola氏が強調するMaaS市場の枠組み作りは、このローミング型市場を意図したものと言えそうです。先述した法改正により、規制が撤廃さ

れて参入障壁が低くなった反面、データとAPIはオープン化が義務付けられています。Appleのような巨大プラットフォーマーであっても、秘密主義の企業であるかぎり参入するのは難しいかもしれません。逆に、データのオープン化に抵抗がない企業であれば、参入の自由度は高いと言えます。

　最後には必ず利用者の利便性につながっていく。そのような枠組みを作るには、事業者やプラットフォーマーだけではなく、フィンランドが描くように、政府の後押しがなければならないのは言うまでもありません。

図1-3-1　MaaSの市場形態

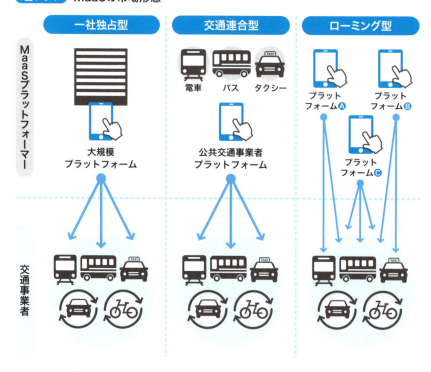

出典：株式会社日本政策投資銀行「MaaS（Mobility as a Service）の現状と展望（2018年）」
　　　（https://www.dbj.jp/ja/topics/report/2018/files/0000032052_file2.pdf）を元に作図

Section 1-4

"MaaSの父"が歩んだ10年間
世界初のMaaSアプリ「Whim」

■ MaaS GlobalのHietanen氏の活躍

　世界で初めてMaaSを具現化したのが、フィンランドで2015年に設立された会社MaaS Globalが送り出したスマートフォンアプリ「Whim^{ウィム}」です（図1-4-1）。Whimは本章の最初で紹介したSampo Hietanen^{サンポ ヒエタネン}氏が発案しました。

図1-4-1 Whimアプリの画面

目的地を入力すると複数のルートが表示されるので、好みのルートを選び決済を行う

第1章

25

彼はヘルシンキ工科大学（現アアルト大学）で土木工学を学び、2006年に国営フィンランド道路事業会社（現Destia）に入社します。交通情報サービス事業領域を担当していた彼は入社後間もなく、運輸業界の将来に関するプレゼンテーションを行うことになり、その構想を練る中で**MaaSの源流となるモビリティのパッケージ化のアイデアを思いついた**そうです。

　このプレゼンテーションは多方面に影響を与えたようで、運輸通信省が3年後に発表した「Finland's Strategy for Intelligent Transport（フィンランド高度交通戦略）」には、**公共交通における携帯電話を使った識別・支払いサービス、オープンデータベースの構築**などを挙げています。

　同じ2009年、Hietanen氏はDestiaを辞め、2年前に設立したばかりながら、ICTによる運転履歴記録サービスの提供で市場を築きつつあったHelptenという会社のCEOになりました。そして2012年、Helptenもメンバーに入っていたITSフィンランドのCEOに就任したのです。

■ MaaS誕生と歩みを揃えた10年間

　ITSについてはすでに触れている通りで、情報通信技術を活用することで移動・物流問題を解決していくシステムのことです（➡P.17）。日本やフィンランドをはじめ世界各国に組織があり、年に1回世界会議が行われています。

　ITSフィンランドのトップになった彼は早速、「A Starting Event for the World's First **Mobility as a Service** Operator」、つまり**世界初のサービスオペレーターとしてのモビリティのキックオフイベントの準備に**取り掛かります。これまで6年間かけて練り上げてきた構想を、ITSフィンランドの場で実現しようと考えたようです。

　しかし、フィンランドの各種資料を調べると、MaaSという言葉は彼が生み出したものではないようです。2012年、当時の運輸大臣が立ち上げたThe Club of New Transport Policy（新輸送政策クラブ）で初めて使用されたという記録があるからです。発案はノキアで携帯電話の製品開発責任者を務めた人物だったそうです。もっともこのクラブにはITSフィンランドも参

図1-4-2 MaaSの誕生からWhimの普及までの道のり

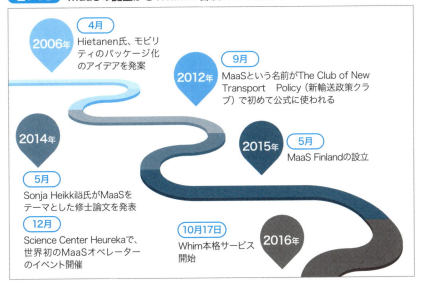

2006年 4月
Hietanen氏、モビリティのパッケージ化のアイデアを発案

2012年 9月
MaaSという名前がThe Club of New Transport Policy（新輸送政策クラブ）で初めて公式に使われる

2014年
5月
Sonja Heikkilä氏がMaaSをテーマとした修士論文を発表
12月
Science Center Heurekaで、世界初のMaaSオペレーターのイベント開催

2015年 5月
MaaS Finlandの設立

10月17日
Whim本格サービス開始
2016年

加していたので、Hietanen氏も関与していたかもしれません。

■「気まぐれ」を意味するWhimの誕生

　公式の場でMaaSが初めて披露されたのは2014年5月、アアルト大学工学部の学生Sonja Heikkilä氏がMaaSをテーマとした修士論文を発表したときで、国内外のメディアで大きく取り上げられます。ちなみにHietanen氏はヘルシンキ市交通計画局長と共に、彼女の講師を務めていたので、ここでも関与していたことになります。

　そして同年末、フィンランドに隣接し国際空港があるヴァンターのHeureka（フィンランドサイエンスセンター）でキックオフイベントが開催されます。**Hietanen氏は基調講演でMaaSのビジネスプランを公表**し、プロジェクトをすぐに始めたいと聴衆に呼びかけました。

　多くの組織が賛同したことで事業化に向けた動きが始まり、2015年5月にMaaS Finlandという組織が設立されました。ただしこの時点では、

第1章

Hietanen氏は代表には就任してはいません。賛同企業のひとつであるフランスのモビリティ事業者Transdevが、協力の条件として、「MaaSの父」Hietanen氏のCEO就任を条件に掲げてきたと言われています。

Hietanen氏は2016年初めに代表に就任すると、世界展開を目指し社名をMaaS Globalに変更。6月には英語で「気まぐれ」を意味する**Whimと名づけたアプリのテスト運用を始め、10月に本格サービスに移行**しました（図1-4-2）。

利用プランはこれまで2度改良しており、2020年3月現在では下記の4つのプランがあります（**図1-4-3**）。

図1-4-3　Whimの4つのプラン

Whim Urban 30	Whim Weekend	Whim Unlimited	Whim to Go
€59,7 / 30 days	€249 / 30 days	€499 / month	Pay as you go

プラン	期間	受けられるサービス
Urban 30	30日間	・HSLチケットによる公共交通※が乗り放題 ・30分までの自転車シェアが使い放題 ・タクシーは5km以内なら10ユーロ以下
Weekend		・HSLチケットによる公共交通※が乗り放題 ・30分までの自転車シェアが使い放題 ・タクシーは15%割引 ・週末のみレンタカーが使い放題
Unlimited	月額	・HSLチケットによる公共交通※が乗り放題 ・30分までの自転車シェアが使い放題 ・レンタカーが使い放題 ・2時間以内ならカーシェアリングが使い放題 ・5Km以内ならタクシーが80回利用可能
Whim to go	都度	・HSLの公共交通、タクシー、レンタカーの運賃を利用分支払う

出典：Whimの公式ウェブサイト（https://whimapp.com/）

※HSLチケットではヘルシンキの地下鉄、路面電車、バスを利用可能

ルート検索のみならず、あらかじめ登録したクレジットカードからの引き落としなので、乗車のたびに運賃や料金を支払う必要はありません。さらに「Whim to go」以外は定額制という、これまでにないプランを設定しました。これが高評価の理由となっています。

■結果を出しつつあるWhim

　「Whim Urban30」と「Whim Weekend」の違いは、利用できるモビリティです。どちらも公共交通（地下鉄・路面電車・バス・近郊電車）と30分以内の自転車シェアは無制限ですが、タクシーは前者が5km以内10ユーロ以下なのに対し後者は15％割引となり、さらに名前の通り、週末のみ利用可能なレンタカーも含まれます。

　「Whim Unlimited」ではレンタカーも無制限になり、タクシーは5km以内なら80回利用可能、カーシェアリングは2時間以内が無料となります。「Whim to go」は公共交通とタクシー、レンタカーの運賃や料金を利用分だけ支払うことになります。

　料金はWhim Urban 30が59.7ユーロ、Whim Weekendが249ユーロ、Whim Unlimitedが499ユーロで、この数字はフィンランドでマイカーを所有すると、1カ月あたり550〜600ユーロの出費があることが参考になったそうです。

　またタクシーやカーシェアリングに距離や時間の制限があるのは、Whimがもともと大気汚染や交通渋滞などの都市環境悪化を防止するという目的で生まれたことを示しています。

　利用のトリップ数は、**2018年7月に100万回を記録すると、10月には200万回、年末には250万回と、加速度的に増えています**。ヘルシンキ以外ではベルギーのアントワープ、バーミンガムを中心とする英国ウエストミッドランド地方などが導入しており、他都市への導入も検討しています。

　MaaS Globalのアンケートでは、**Whimを利用する理由で圧倒的に多いのは「オールインワン」**であり、全体の半数近い46％を占め、2位の「使いやすさ」の15％を大きく引き離していました。

このオールインワンという言葉には、**マイカー以外のあらゆる交通手段が1つのアプリで使えることだけでなく、運賃の支払いも行えることも含まれており、MaaSのシームレスな部分が評価されている**ようです。

　さらに同社が2018年に発表したヘルシンキのデータでは、それまでも**48%と高かった公共交通利用率は74%にまで跳ね上がったり、マイカーの利用率は40%から20%に減少した**という数字が出ています。Whimはヘルシンキの移動そのものを大きく変える力を持っているのです。

Section 1-5

指標の提案もまた北欧から

スウェーデンで生まれた MaaSレベルとは

■ MaaS国際会議で提案

メカニズムやサービスなどの指標として、レベル分けが用いられることがよくあります。例えば自動車の自動運転では、米国のモビリティ専門家による非営利団体である自動車技術協会（SAE）が制定した、レベル0〜5の6段階が使われています（詳細は➡P.81）。

MaaSにもレベル分けがあります。こちらもまたフィンランドが関係しています。

2017年11月、ヘルシンキの北北西約180kmの場所にあるタンペレで、タンペレ大学運輸リサーチセンターVerneの主催により、**第1回ICoMaaS（MaaS国際会議）**が開催されました。

基調講演にはMaaS GlobalのSampo Hietanen氏などが登壇。会議ではMaaSについての論文が数多く発表されました。その中でスウェーデンのチャルマース工科大学、MaaSオペレーターであるUbiGo、ICT研究機関のRISEビクトリアの研究者が共同で発表した論文「MaaSの位相幾何学的アプローチ」が、**MaaSのレベル分けを提案**したのです。

スウェーデンの研究者たちは論文作成に際し、まずMaaSと類似の概念について共通点や相違点を特定した後、2016年11月にMaaSオペレーター、交通事業者、研究者などによるワークショップをスウェーデンのヨーテボリで開催し、レベル作成に取り組んだそうです。

論文ではMaaSが革新的な概念であることを示しながら、それらを比較する定義がないこと、従来型のモビリティサービスを融合しただけでMaaSと呼ぶなど誇大宣伝が目立つこと、MaaSの真の意味を理解していないと成果が得られない可能性があることなど、さまざまな懸念も呈しています。

現時点でMaaSは流動的な段階であり、概念を定義することは時期尚早と考えていたと言いますが、それでもレベル作成に取り組んだのは、先に書いたような懸念を払拭したいという気持ちがあったのでしょう。

■ 最上位レベルはまだ空白

　MaaSレベルは0〜4の5段階からなります。情報やサービスの統合の具合によって制定したものです（**図1-5-1**）。

> **レベル 0**：**統合なし**
> 単独の交通事業者による経路検索・運賃案内（例「東京メトロ」アプリ）

> **レベル 1**：**マルチモーダルな経路検索・運賃案内など情報の統合**
> 複数の交通事業者を横断した経路検索・運賃案内（例「ジョルダン乗換案内」アプリ）

> **レベル 2**：**一時利用での検索から予約、決済までの統合**
> 一時利用での検索から支払いまでの総合サービス（例「JapanTaxi」アプリ）

> **レベル 3**：**サブスクリプションなど契約や責任を伴うサービスの統合**
> サブスクリプション（定額制）を含めたサービス提供（例「Whim」アプリ）

> **レベル 4**：**社会的目標を国の政策レベルで統合**
> 国の政策レベルでサービス提供

　MaaSの**パイオニアであるWhimはレベル3**であり、最上位のレベル4はこの時点では空白となっています。またライドシェアのLyftはマルチモーダルではないものの事前決済は実現しており、レベル0であることには違和感を覚えます。このあたりは時期をみて改定していくのではないかと期待しています。

　一部のメディアはこのMaaSレベルの内容を勝手に書き換えたりしているようですが、多くの人にとって理解しやすい評価手法を作り上げたスウェーデンの研究者たちに敬意を表し、彼ら自身やMaaS国際会議などにアップデートを一任すべきではないでしょうか。

2017年作成ということもあり、日本のMaaSの記載はありませんが、その後各地で実証実験が始まっているので、本格サービスに移行した暁にはレベル3などの高位にランキングされるような、完成度の高いMaaSの出現を期待しています。

図1-5-1 スウェーデンの研究者がまとめた「MaaSレベル」の原文

No Integration（統合なし）

Single, separate services（単一かつ独立したサービス）

Integration of information（情報の統合）

Multimodal travel planner, price info
（マルチモーダルな移動提案、料金情報）

Integration of booking & payment（予約と決済の統合）

Single trip – find, book and pay
（一時的な移動における検索、予約、決済）

Integration of service offer　（提供するサービスの統合）

Bundling/subscription, contracts, etc
（パッケージ／サブスクリプション、契約など）

Integration of societal goals（社会全体目標の統合）

Policies, incentives, etc.（政策、インセンティブなど）

MaaSアライアンス、JCoMaaS
業界を横断する
モビリティエコシステム

■エコシステムの構築が要

Section1-1でも述べた通り、MaaSは「あらゆるモビリティサービスを組み合わせて、クルマを所有する生活よりも、より良い生活を実現するサービスを作り出すこと」を目標としています。これを実現しようとすると、公共交通や次世代モビリティサービスの運営会社、自治体、通信会社、インターネット企業など、いろいろな業界の人たちが連携して、1つのサービスを提供する協力体制の構築が大切となります。この**業界横断的な目的共同体を「モビリティエコシステム」**といいます。

日本では、同じ地域内のバス会社やタクシー会社は事業の競業相手であり、公共交通事業者と自治体の関係が良好でない場合もたくさんあります。さらに、デジタル対応に消極的な公共交通事業者もいます。そのため、**地域の関係調整がMaaSを進める中で一番時間がかかる部分だとも言われています**。協力体制の構築なくして、MaaSはうまくいきません。どのように関係構築を進めるか策をしっかり練り、時間をかけて、MaaSのエコシステムの構築に挑む必要があります。

■MaaSを推進する官民連携団体「MaaSアライアンス」

MaaSの概念に賛同して構想を具体化、普及しようとする自治体や民間企業はフィンランドにとどまりません。欧州を中心に広がってきています。

新しいMaaS市場の円滑な活性化を目指し、官民がパートナーシップを組んで、**MaaSに関する課題解決と地域への導入を支援するMaaSアライアンス**という団体が欧州にあります。MaaSアライアンスはITSヨーロッパ

図1-6-1 MaaSアライアンスのメンバーの一例

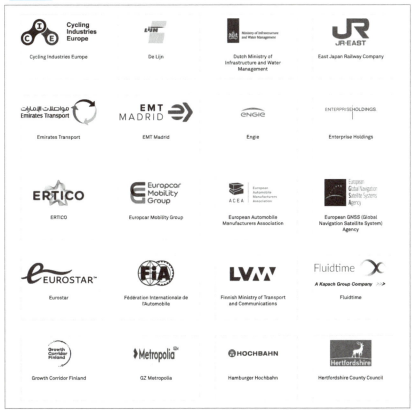

出典：MaaSアライアンス公式ウェブサイト（https://maas-alliance.eu/the-alliance/）より引用

（ERTICO）のCEO JaCob Bangsgaard氏が理事長を務め、MaaSの生みの親Sampo Hietanen氏も理事に名を連ねています。

　MaaSアライアンスの会員には、自治体ではフィンランドのヘルシンキ市、ベルギーのアントワープ市、デンマークのコペンハーゲン市など、民間では日本のJR東日本、シーメンス、Uber、Viaなど注目されている企業の名前も多くあります（**図1-6-1**）。

■ 日本でも産官学連携の動き

　日本でも欧州と同様に官民さらには学が連携して、MaaSについて考える団体が2019年に発足しました。一般社団法人「JCoMaaS」です。

　日本社会にマッチしたMaaSの社会実装を目指して、国際競争力のあるMaaSを作り出すこと、特に日本の優れた各交通サービスの連携を通じて、世界でも類を見ない価値を生み出していくための協調領域としての役割を担うことを目的としています（**図1-6-2**）。

　代表理事には日本のMaaSを牽引する横浜国立大学の中村文彦氏が、理事に東京大学生産技術研究所の須田義大氏、MaaS Tech Japanの日高洋祐氏、計量計画研究所の牧村和彦氏などが就任しています。

図1-6-2 JCoMaaSの「基本理念と領域への貢献」

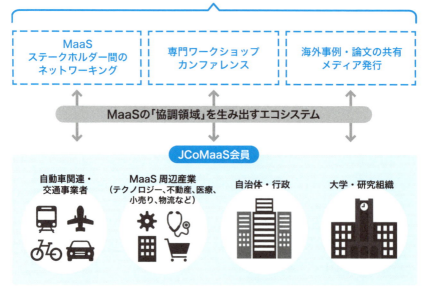

MaaS 推進団体
JCoMaaS

| MaaSステークホルダー間のネットワーキング | 専門ワークショップカンファレンス | 海外事例・論文の共有メディア発行 |

MaaSの「協調領域」を生み出すエコシステム

JCoMaaS会員

| 自動車関連・交通事業者 | MaaS 周辺産業（テクノロジー、不動産、医療、小売り、物流など） | 自治体・行政 | 大学・研究組織 |

MaaS の社会実装と新たな産業の創出を目指す

出典：JCoMaaS公式ウェブサイト（https://www.jcomaas.org/#jcomaas）を元に作図

第2章

MaaSへと至る
さまざまな交通改革

MaaSが登場する前から欧州ではさまざまなモビリティ改革がありました。過度にマイカーに依存した社会からの脱却を目指し、実施された施策を紹介します。

脱クルマ依存

■ クルマ依存の日本と欧州の決定的な違い

　MaaSをモビリティ業界の一大革命と称する人もいるようですが、本書では**1960年代から欧州で始まった、過度な自動車依存を減らす社会への転換の延長線上にある**と捉えています。

　MaaS GlobalのWhimも、背景にはヘルシンキの再開発による交通集中の懸念があり、マイカー依存を減らして公共交通利用を高めることが目的のひとつにありました。

日本はマイカー・マイホーム志向

　マイカー普及による大気汚染や交通事故などの諸問題は、日本では高度経済成長時代の1960年代に顕在化しました。同時にマイホーム志向も生まれました。ただし技術革新や大量生産によって乗用車の価格が下がっていったのに対し、地価は所得と歩調を合わせるように上昇していきました。そこで、多くの人は郊外に住みはじめました。マイカーがあれば公共交通が貧弱でも困らないからです。

　昨今、**地方を中心に自動車がなければ生活できない高齢者が多くなり、高齢ドライバーによる事故が目立つようになった原因のひとつは、こうした時代背景が関係**しています。

欧州は公共交通ファースト

　では、欧州はどうだったのでしょうか。欧州にも第2次世界大戦後の高度経済成長はありました。ただし自動車の普及は大戦前から始まっており、郊外居住は日本より早く進みました。それによって発生した交通渋滞や大気汚

染もまた、日本に先駆けて問題になりはじめていました。

　そこで彼らが手掛けたのは、**公共交通を公立の学校や図書館などと同じように公共施設として位置づけ、自治体が主体となる組織が税金や補助金を主要財源として運営にあたる**ことでした。この方式を1960年代という早い段階で取り入れたのが、日本同様、自動車産業が主力の旧西ドイツでした（図2-1-1）

図2-1-1　ドイツ鉄道ベルリン中央駅

東西ベルリン統合後の交通結節点として2006年に開業した中央駅　　　　　　（著者撮影）

■ "公で支える仕組み"が交通弱者を救う

　日本では公共交通であっても民間事業者が運営することが多く、財源のほとんどを運賃収入で賄っています。そのためマイカーの普及などによって利用者が減ると、赤字解消のために運賃の値上げや減便などが行われ、車両やインフラへの投資は止まり、保守点検が疎かになるという負のスパイラルに陥り、やがて廃止されてしまいます。

　しかし欧州のように**公で支える仕組み**が確立されれば、黒字か赤字かによ

らず車両の更新や駅のリニューアルが可能となり、運賃は安く、本数は多いまま保たれます。**利用者にとって常に魅力的な交通であり続けているので、高齢になって自動車の運転を止める状況になっても、代わりの移動はしっかり確保**されています。これこそ真の公共サービスと言えるのではないでしょうか（図2-1-1）。

図2-1-2 日本と欧州のモビリティシーンの違い

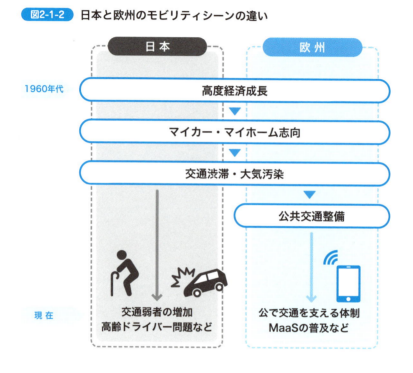

日本も自動車交通への依存度が高い国のひとつであり、交通弱者などの問題が生まれています。こうした問題解決のためにはMaaSの導入のみならず、公共交通を税金・補助金を主体とした自治体主導による統合運営に転換することが必要だと考えています。

Section 2-2

3つの改革がMaaSにつながった

運輸連合、ゾーン制、信用乗車

■ 運輸連合

　Whimを展開するヘルシンキも公で支える仕組みを持っています。さらに注目すべきは、周辺を含めた9自治体が参加するHSL（ヘルシンキ地域圏交通政策局）が地域の公共交通の計画や企画を行い、HKL（ヘルシンキ市交通局）が路面電車と地下鉄、フェリー、自転車シェアの運営を担当しています。通勤電車はフィンランド鉄道とHKLが共同で運行し、バスのみ民間事業者が競争入札で参入可能となっています。

　MaaSはさまざまな形態の輸送サービスをシームレスに統合するという概念ですが、**ヘルシンキではMaaS導入前から多くの輸送サービスの運営を統合していた**ことがわかります。鉄道に限ってもJR東日本や東京メトロをはじめ10以上の事業者によって運営されている東京23区とは対照的です（**表2-2-1**）。この時点でMaaSの素地が出来上がっていたと言えるでしょう。

　これはヘルシンキに限ったことではありません。ドイツ（➡P.90）をはじめ、**自動車に依存しすぎた社会からの脱却と歩調を合わせて、欧州の都市交通は事業者の一元化の動きが進んでいました**（1国1事業者、1都市1事業者など）。我が国では「**運輸連合**」という言葉で、この組織を表現することが多くなっています。米国でもこの方式での組織改革が進んでいます。

表2-2-1 公共交通事業者の海外と日本の違い（鉄道を例に）

海外（フィンランド・首都ヘルシンキ）		日本（東京23区）	
交通手段	事業者	交通手段	事業者
地下鉄・路面電車	HSL・HKL	鉄道	JR東日本
			東京メトロ
			東京都交通局
			小田急電鉄
			京王電鉄
			京浜急行電鉄
			京成電鉄
			西武鉄道
通勤電車	フィンランド鉄道・HKL		東急電鉄
			東京臨海高速鉄道（りんかい線）
			東京モノレール
			東武鉄道
			ゆりかもめ
			北総鉄道
			首都圏新都市鉄道（つくばエクスプレス）

■ ゾーン制

　単一組織で管理するので、運賃体系も単一体系というところが多くなっています。ここで導入されたのが「**ゾーン制**」という仕組みです。

　ゾーン制とは、**公共交通のネットワークを同心円状に区切ったいくつかのゾーンごとに決める方式**です（図2-2-1）。東京に導入するなら、JR山手線内をゾーン1、23区内をゾーン2と分けるような形になるかもしれません。

　利用者は同じゾーン内の移動ならゾーン1、ゾーンをまたぐ移動ならゾーン1・2乗車券を買います。東京ではJRから私鉄や地下鉄に乗り換える際に運賃を払い直すことになりますが、ゾーン制ではその必要はありません。

　厳密に見れば、同じ距離であっても運賃が異なるシーンが出てくるので、不公平と思う人がいるかもしれません。しかし**わかりやすさではゾーン制のほうが上ですし、事業者側も運賃収受のシステムが簡略化**されます。もちろんMaaSに向いてもいます。

図2-2-1 ドイツの首都ベルリンのゾーン区分

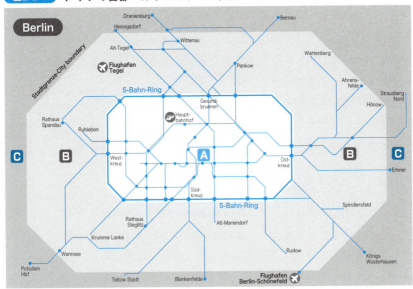

ベルリンのゾーン制運賃

🅰🅱	ベルリン市域内の移動
🅱🅲	Sバーン（通勤電車）環状線外側の移動
🅰🅱🅲	都心と周辺地域間の移動

左記3種類について1回券（2時間以内）、1日券、1月券を用意。これ以外にSバーン・Uバーン（地下鉄）3駅、路面電車・バス6停留所以内利用可能な短距離券なども存在

BVG（Berliner Verkehrsbetriebe／ベルリン交通局）2020年3月現在のゾーン制

出典：BVG Route Networkダウンロードサイト（https://fahrinfo.bvg.de/Fahrinfo/bin/query.bin/en?&ujm=1）の資料を元に作図

■信用乗車とは

　さらに欧州でトラムとも呼ばれるLRT（次節で後述）では、「**信用乗車**」というシステムが普及しています。運転士などの**乗務員が乗車券の確認はせず、利用者があらかじめ乗車券を買って乗車していると信用する**ことから、こういう呼び名が生まれたそうです。ドイツやスイスでは鉄道もこの方式です。

　もちろん、そのままでは不正乗車が横行してしまうので、乗車券の確認を行う係員がたまに乗車しており、無賃乗車が見つかった場合は高額の罰金を取られます。以前乗ったドイツのフランクフルトの場合は60ユーロと、最

大で通常の乗車券の約20倍にも相当していました。乗車券の2倍以内という日本の罰金とは大差があります。

　欧州では近年、全長約30mという、通常の路面電車車両（12〜13m）の倍以上の長さを持ち、ドアの数が多い連節車を多く見かけます。これらは信用乗車を前提とした設計と言えるでしょう。

　我が国でも広島電鉄や福井鉄道で同サイズの車両が走っていますが、前者は車掌を乗せており、後者では最後部の扉を締め切っています。欧州ではすべての扉から乗り降りが可能で、停車時間が少なくてすみます。

MaaSにつながる事前決済

　MaaSの導入によって事前決済が基本となれば、決済済みであることを示すQRコードなどをスマートフォンに表示し、車内の読み取り機にかざすなどの乗車方法になります。そのため、どの扉からも乗り降りができます。

　こうしてみると、**MaaSは運輸連合やゾーン制、信用乗車を導入した欧州だからこそ生まれた発想ではないか**と思います。日本でMaaSの導入をスムーズに進めたいなら、この3要素の導入を同時に考えても良いのではないでしょうか。

　その点では都市規模が小さく事業者が少ない地方都市のほうが、トータルでのモビリティ改革はしやすいでしょう。ビジネス面を考えれば前の節で書いた（➡P.39）、税金や補助金主体の運営に切り替えれば解決します。MaaSは地方の移動改善にも効果があるツールなのです。

公共交通への回帰は世界的な流れに
米国や日本でも進む LRTの普及

■ 次世代型路面電車システムLRT

欧州の公共交通改革で主役と位置づけられることが多いのが、前節で紹介した**LRT**です。日本では「次世代型路面電車システム」と訳されており、欧州では「トラム」と呼ばれることが多い、**路面電車を低床化、長編成化などすることで、現代的な都市交通に生まれ変わらせたもの**です（図2-3-1）。

LRT誕生の経緯

こう書くとLRTのルーツは欧州にあるように思われますが、英語の頭文字（Light Rail Transit）を取ったことで想像できるように、米国発祥の言葉です。

米国にはかつてビッグ3と呼ばれた自動車メーカーGM（ゼネラルモーターズ）、フォード、クライスラーがあり、世界最大の自動車市場であり続けてきました。ゆえに1960年代になると欧州同様、自動車に過度に依存した社会が大気汚染や交通渋滞、都市のスプロール化（無秩序な拡大）などの問題を引き起こしはじめます。

特にスプロール化は欧州より顕著で、多くの都市のダウンタウン（都心部）は荒廃し、犯罪が多発するという都市問題も引き起こしていました。鉄道は廃止に追い込まれ、バスは交通渋滞に巻き込まれて遅れが恒常化していました。ところが1970年代にオイルショックに見舞われたことが契機になって、**都市問題の解決の手段として鉄道が見直される**ようになりました。

参考としたのは、路面電車を近代化することで現代の都市交通に転換させつつあったドイツやスイスです。米国では、**既存の鉄道と区別する意味で**

図2-3-1 フランクフルトのLRT（トラム）

現在は10路線を擁するフランクフルトLRT　　　　　　　　　　（著者撮影）

LRTという言葉を使い、展開を始めたのです。

　坂の多い街並みを上り下りするケーブルカーが有名なカリフォルニア州サンフランシスコもそのひとつです。

　サンフランシスコには1873年に開通した、現存する世界最古のケーブルカー以外に、路面電車（現地ではストリートカーと呼びます）も走っていました。運行はバスやトロリーバスを含めて、**MUNI（サンフランシスコ市交通庁）**という単一組織が行っています。

■サンフランシスコの交通改革

　MUNIは欧州のように、自動車優先社会からの脱却の流れの中で組織されたわけではなく、1906年の大地震を契機に生まれ、1912年から運行を始めました。**米国でいち早く都市交通の公営化を実現**したのです。

　第二次世界大戦直後には、自動車の増大に伴い多くの路面電車をバスに転換しましたが、1950年代になると交通渋滞が目立つようになり、サンフランシスコ湾対岸のオークランドなどの都市とダウンタウン、国際空港を結ぶ高速鉄道**BART（ベイエリア高速鉄道）**を建設します（**図2-3-2**）。

図2-3-2 BARTの車両

サンフランシスコ国際空港駅に到着したBART車両 　　　　　（著者撮影）

　BARTはオークランドからサンフランシスコ湾を海底トンネルで抜け、そ
のままダウンタウンのメインストリートを地下で貫くことになりました。そ
こでMUNIはトンネルを上下2層とし、地上を走っていた路面電車を地下に
移し、軌道敷はバスとトロリーバスの専用レーンとしたのです。

　まずBARTの地下区間が1974年に開業し、6年後に路面電車が地下に移
され、MUNIメトロと名乗るLRTになりました。車両も近代的な連節車に
切り替わっています。その後、新路線が開業した一方、メインストリートの
軌道は世界各地から集めた旧型車両が走るストリートカーとして復活。ケー
ブルカーと並ぶ観光路線として親しまれています。

　BARTの運営はベイエリア高速鉄道公社が担当しており、MUNIの中でケ
ーブルカーは独自の運賃体系を取っていますが、クリッパーカードと呼ばれ
るICカードを使えばすべての公共交通に乗ることができるなど、決済面で
の利便性も追求しています。

■日本では富山市が交通改革に意欲的

　日本では富山市の交通改革が知られています。富山駅から北へ伸びるJR

図2-3-3 旧富山ライトレールの路面電車「ポートラム」

出典：富山地方鉄道株式会社

図2-3-4 富山の市内電車区間を走る「セントラム」

新幹線ホーム直下に停まるため、乗り換えが非常に便利　　　　　　　（著者撮影）

西日本富山港線の存続が議論に上がっていた際、現在（2020年3月現在）も富山市長を務める森雅志氏が、北陸新幹線の開業に伴う富山駅付近連続立体交差事業の補助金などを活用することで、**富山港線のLRT化**を決定。2006年に第三セクターの富山ライトレールが運営する、日本初のLRTとして開業しました（**図2-3-3**）。

　続いて2009年には、中心市街地を走る**富山地方鉄道の市内電車**（富山軌道線）に、一度は廃止された環状線を、運行は富山地方鉄道が、線路や施設は市が保有する「上下分離」方式（詳細は➡**P.156**）で復活させました（**図2-3-4**）。この市内電車は、2020年には富山港線との直通運転を開

始。これに先駆けて会社としての富山ライトレールは富山地方鉄道に吸収合併となりました。

　一方、富山駅から南に伸びる**JR高山本線については、市内区間の増便を行うと共に、住宅地に新駅を開業**しました。富山駅と立山や宇奈月温泉を結ぶ富山地方鉄道の鉄道線についても、駅の新設を進めています。

　森市長は就任当初から、公共交通を軸としたコンパクトシティの推進に力を入れています。市街地が拡散したまま人口減少が進むと、税収が下がり続けてもゴミ収集や除雪などのサービス費用はさほど変わらず、財政危機に陥ってしまうからです。2005年、旧富山市が周辺6町村と合併して現在の富山市になると、この問題は一層切実になりました。

コンパクトシティへ向けた施策

　そこで富山市では「**お団子と串のまちづくり**」を提唱します。都心に一極集中するのではなく、合併前の自治体の中心部を地域拠点（お団子）として活かし、地域拠点を結ぶ公共交通（串）を活性化することにしました（**図2-3-5**）。

　核となる都心には、イベント広場や美術館、図書館などの文化施設を積極的に誘致しました。この動きに民間事業者も触発され、環状線の沿線には次々に集合住宅が建設されました。

　富山地方鉄道の「ecomyca（えこまいか）」というICカード乗車券は富山地方鉄道の鉄道・市内電車・路線バス、富山地方鉄道富山港線と接続するフィーダーバス、都心部を巡回するコミュニティバスの「まいどはやバス」で使えます。

　ちなみに富山弁では「行きましょう」を「行こまいか」、「こんにちは」を「まいどはや」と言います。どちらも方言にちなんだ名称です。

　高齢者向けの「おでかけ定期券」もあります。市内在住の65歳以上の高齢者が年間1000円の定期券を持っていると、上記ICカードで利用可能な鉄道やバスが、9時から17時まで（まいどはやバスは終日）100円で乗れるとい

図2-3-5 **お団子と串のまちづくり**

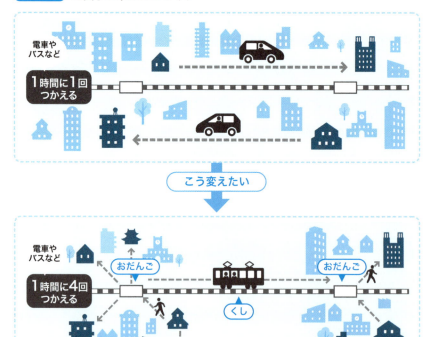

自治体の地域拠点（お団子）間をつなぐ公共交通（串）を活性化させる

出典：富山市「くしとだんごのまちづくり」
（https://www.city.toyama.toyama.jp/data/open/cnt/3/11101/1/kusitodango.
pdf?20180219151445）を元に作図

うものです（こちらも参照➡P.230）。

一定の効果あり

　富山市の人口は、以前は都心部が減少し郊外が増えるという典型的なドー
ナツ化現象を呈していましたが、**一連の改革後は都心の一部が増加に転じる
など、一定の効果を上げています。**少し前に年齢層を調べたところ、40〜
50歳代の高齢者予備軍と言える層の移住が目立っていました。

交通政策とMaaSの関係
移動手段の転換を促すために

■ 公共交通への回帰を明文化

これまでに述べたように、MaaSは交通に関わる諸問題の解決手段ではなく、欧州諸国が歴史的に実践してきた都市交通政策をベースにした新しい「考え方」と言えます。見据えているのは持続可能な社会です。そのために情報通信だけではなく、法律の整備もしています。

例えば欧州では、法律として都市交通の支援を定めた事例もあります。ここでは**西ドイツのGVGF**（地方自治体交通財政援助法）と**フランスのLOTI**（国内交通基本法）、**LOM**（モビリイティ基本法）を紹介します。

西ドイツGVGF

連邦制を取っていた西ドイツでは、1960年代から州単位で都市交通支援の動きがありました。具体的にはガソリンや軽油にかかる鉱油税の一部を、公共交通の運営に充当するなどの施策を導入しました。その後、国も同様の補助を開始するようになりました。

1971年に施行されたGVGFは、これらの動きを正式に**立法化し、公共交通を自動車交通より優先する**という思想を明文化しました。その結果、苦境に立っていた公共交通が復興する契機になりました。

フランスLOTI・LOM

一方のLOTIがフランスで施行されたのは、GVGFから約10年後の1982年です。こちらでは世界で初めて「**交通権**」を定義したことが話題になりました。万人が自由かつ快適に、しかも環境負荷を最小限に留めつつ移動できることを規定したのです（詳細は➡P.93）。

第2章

これが自動車優先社会からの脱却を図る契機となりました。フランスにはかつて多くの都市に路面電車が走っていましたが、第2次世界大戦後に自動車が急激に普及した煽りを受けて次々に廃止され、わずか3都市に残るのみとなりました。しかしLOTIを受けて、LRTをはじめとする公共交通整備の動きが一気に進んでいきました。

　その後2019年には、社会情勢の変化に合わせる形でLOMが作られました。こちらは2040年までに化石燃料を使用した車両の販売終了を目指し、2020年から自動運転サービスを許可するなど、近未来の方向性を示しており、その中にはデータのオープン化という記述も見られます。

　第1章で紹介したフィンランドの交通サービスに関する法律（➡P.21）に近く、**MaaSの導入を見据えた内容**と理解できます。こうした動きは日本を含め多くの国で見られており、ここでもフィンランドの先進性を教えられます。

■TDMとマルチモーダル

　GVGFやLOTIなどの法律をはじめ、マイカーから公共交通への移動手段の転換を促す施策の実行には、マイカーに頼らなくても自由で快適な移動ができること、公共交通をはじめとする代替交通手段のほうが費用対効果の点で優位であることなどを、地域住民などに理解してもらう必要があります。

　その過程で生まれたキーワードとして、**TDM（交通需要マネジメント）**と**マルチモーダル**があります。

TDMは働き方改革にも及ぶ

　TDMとは、「Transportation Demand Management」の略で、マイカー利用者の移動転換を促すことで、地域レベルでの道路交通混雑を緩和し、環境問題や都市問題の解決に資するための手法です。

　具体的には**公共交通への転換（手段の変更）**、**時差通勤（時間帯の変更）**、**渋滞情報提供（経路の変更）**、**相乗り（効率的利用）**、**テレワーク（発生源の調整）**などがあり、自動車交通の制御のみならず働き方改革にまで及んでい

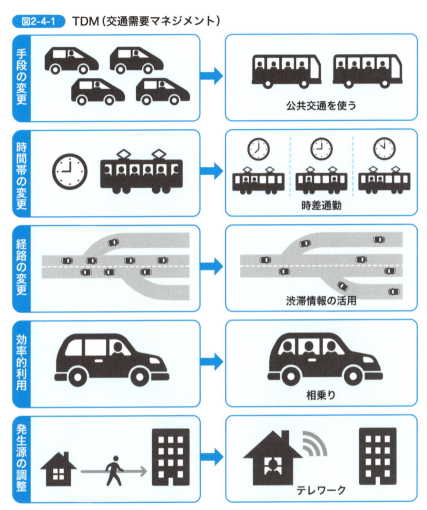

図2-4-1 TDM（交通需要マネジメント）

手段の変更 → 公共交通を使う

時間帯の変更 → 時差通勤

経路の変更 → 渋滞情報の活用

効率的利用 → 相乗り

発生源の調整 → テレワーク

さまざまな手段で交通需要の調整を促す

ることに注目されます（**図2-4-1**）。

　MaaSはこのうち、公共交通への転換を促すために生まれた概念ですが、MaaSの要素となる経路検索は経路の変更に寄与しており、カーシェアリングやライドシェアは自動車の効率的な利用でもあります。

マルチモーダルで物流改革

　マルチモーダルは、多様な交通手段を連携させることで効率的な移動や物流を提供する施策で、実行に向けた取り組みは**モーダルシフト**と呼ばれます。TDMに含まれるマイカーの公共交通への転換だけでなく、長距離トラック輸送を貨物列車や貨物船に切り替えることで、環境対策や運転手不足解消を実現するといった対策も含まれます（**図2-4-2**）。

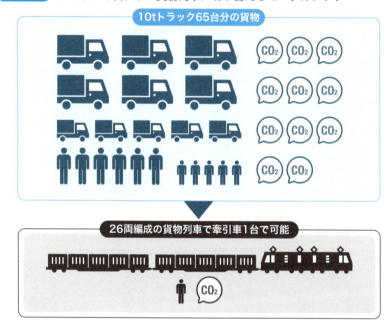

図2-4-2　トラックの代わりに貨物列車に切り替えるモーダルシフト

10tトラック65台分の貨物

26両編成の貨物列車で牽引車1台で可能

貨物列車に切り替えるとCO_2の排出量は約11分の1、また燃料の省エネにもつながる
出典：JR貨物「モーダルシフトとは」（https://www.jrfreight.co.jp/modalshift）を元に作図

　いずれの場合も自治体や事業者など関係者が議論を重ね、住民などへの情報公開を行い、社会実験を重ねた課題抽出と解決策を模索したうえでの本格導入……というプロセスを取るのが一般的です。

　つまり**MaaSはTDMやマルチモーダルの具現化を進めるツールのひとつ**と言うことができます。欧州が昔から進めてきた交通改革の延長線上にMaaSがあることが、ここからも説明できます。

移動のデジタル化の推進
日欧で異なる交通アプリの進化

■ 欧州では交通事業者が経路検索を提供

　日本ではヴァル研究所「駅すぱあと」、ジョルダン「乗換案内」、ナビタイムジャパン「NAVITIME」といった経路検索を専門とする会社が、交通事業者から時刻表などを入手し、高度な情報制御を行って利用者に経路検索情報を提供しています。

　当初はパソコンのソフトウェアとしての提供でしたが、その後オフィシャルサイトでの公開、ポータルサイトへの情報提供、事業者向けソフトウェアの開発なども担当し、現在はスマートフォンのアプリでも展開しています。いずれも世界的に見て精度が高い内容となっています（**図2-5-1**）。

図2-5-1 　ヴァル研究所「駅すぱあと」のウェブサイトとスマートフォンアプリ

日本では交通事業者でなく、専門企業が経路検索サービスを提供している
出典：駅すぱあと公式ウェブサイト（https://roote.ekispert.net/ja/）と同アプリより引用

一方、欧州では交通事業者自身が以前から**オフィシャルサイトで経路検索を提供しており、予約や決済も可能**となっていました。その流れを受けて、**スマートフォンのアプリも交通事業者自身が提供**しています。

　MaaS Globalのアプリ「Whim」が導入されたフィンランドのヘルシンキも例外ではなく、地域の公共交通事業を担当するヘルシンキ地域圏交通政策局（HSL）もアプリを用意しています。

　国家単位の事業者も同様で、**Section4-4**（➡P.100）で触れるスイス連邦鉄道（SBB/CFF/FSS）の「SBB Mobile」では、同鉄道の運営ではないチューリッヒの路面電車の停留場を起点とした経路検索や運賃決済も実現しており、国を代表する鉄道事業者としての役目をしっかり果たしています（図

図2-5-2 スイス連邦鉄道のMaaSアプリ「SBB Mobile」

1つのアプリ内のスワイプ操作だけで、経路検索、時刻表表示、チケット購入までスムーズに行える

2-5-2)。

　しかし、交通事業者自身がすべての開発を行っているわけでもありません。例えばSBB Mobileは2008年に提供開始後、2016年にモデルチェンジを実施していますが、開発は同じスイスでウェブサイトやアプリの開発を行うGinettaという会社が手掛けています。

　開発会社が提供を行わず、交通事業者の名目で提供しているのは、前に説明したように（→P.41）欧州の都市交通は「運輸連合」で1都市1事業者である場合が多く、国の鉄道も単一の組織が運営しているという体制が大きいと考えています。

■欧州でチケットレス化、キャッシュレス化が進む理由

　日本はさまざまな考えの利用者がいることを尊重し、現金や紙のチケットへの対応を残しているのに対し、欧州の交通事業者はチケットレス化、キャッシュレス化を推進しています。**経費削減や業務効率化を主眼**としたこのような取り組みは、交通分野に限った話ではありませんが、欧州ではパソコンやスマートフォンを扱う利用者が大部分であり、今後さらに増えていくという未来を見据えた改革を進めていると感じます。

　このような素地があるからこそ、MaaSのような次世代型のモビリティサービスの導入がスムーズに進められるという優位性もあるのです。

　我が国でも長距離列車のチケット予約や購入はオンラインで行えますが、例えばJR東日本「えきねっと」は、新幹線についてはJR東海管轄の東海道新幹線も対応しているものの、在来線の特急は自社管内の列車に対応が限られています。

　また首都圏では2016年からJR東日本、東京メトロ、東急電鉄の3社間でスマートフォンアプリの連携がスタートしており、本書執筆時点（2020年3月）ではここに京王電鉄、小田急電鉄、西武鉄道、東武鉄道、京成電鉄、京浜急行電鉄、相模鉄道も加わって、10社間での連携が実現しています（**図2-5-3**）。

　ただしあくまで連携であり、アプリが一元化したわけではありません。ま

第
2
章

た、現時点で連携しているのは列車走行位置と時刻表、経路検索で、決済はICカードなどを使うことになります。

図2-5-3 「JR東日本」アプリで検索

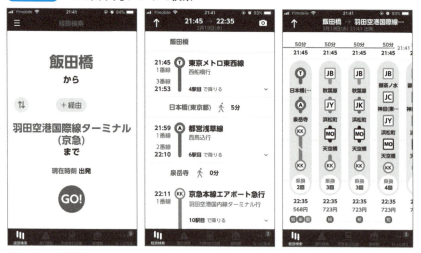

東京メトロと都営地下鉄と京浜急行にまたがった検索結果が表示されるが、購入はできない

第3章

MaaSの礎となる
デジタルテクノロジー

MaaSにはデジタル技術が不可欠です。どのよう
なシステムを持ち、導入には何が必要で、どんな工
夫が必要になるかなど、MaaSの中身を解説して
いきます。

次世代モビリティサービスを牽引する
プラットフォームビジネスとは

暮らしの移動、すなわちモビリティの分野でも、ビジネスモデルとして**プラットフォーム**の考え方が活かされています。例えば、米国Uber Technologies などがそうですが、ここではまずプラットフォームビジネスとはどのようなものか説明します。

■ プラットフォームとは？

Platform という英語は、もともと周囲より盛り上がった平らな場所のことを意味し、転じて「土台」「基盤」といったニュアンスで使われます。その上には町を作ってもいいし、工場プラントを作ってもいいし、畑を作ってもいいわけですが、特徴をまとめると**何かを作る際のベースとなるもの**と考えることができます。

その意味で、ビジネスにおけるプラットフォームは、「**商品やサービスを作る際のベースとなるもの**」といえます。私たちに身近なスマートフォンで考えてみましょう。例えば、巨大プラットフォーマーのAppleは、スマートフォンのプラットフォームに「iOS」というオペレーションシステムを採用し、その上で動作するアプリ、動画、音楽などを販売するためのベース（App Store等）をパートナー企業や個人に提供しています（**図3-1-1**）。

パートナーにとってAppleのプラットフォームは、「アプリや音楽などを販売する際のベース」になるわけですが、何より魅力的なのはそれを利用することにより、手軽にグローバル市場に打って出られることです。当然、手数料を支払う必要がありますが、自社のみでは得られないユーザー獲得の機会に恵まれるわけですから、利用しない手はないというわけです。

図3-1-1 統一されたプラットフォームがあるとユーザーも提供者も便利

プラットフォーマーはコンテンツ制作者（パートナー）とユーザーをつなげる仲介者で、コンテンツを作るのではなく、規格を揃えることで全体のサービスの利便性を上げる（Appleを例に）

プラットフォームビジネスとは？

　プラットフォームの強みは、それまで見えなかった「**ニーズとニーズをつなげる**」ところにあります。iOSの例では「アプリを売りたい個人または企業」と「便利なアプリを使いたいユーザー」のニーズです。スマートフォンアプリに多様な（ある意味ニッチな）アプリが存在するのも、そうした強みによるものです。

　ニーズがマッチングされればされるほど、プラットフォームは巨大になり、それを構築したプラットフォーマーが潤うことになります。また、**市場が巨大になる**ということは、それだけユーザー数も膨れ上がっていることを意味します。このようなサービスをプラットフォームビジネスと言います。

プラットフォーマーが覇権を握る

　プラットフォームビジネスはさまざまなサービスに当てはまります。例えば、**Amazon**はネットショッピングだけでなく、動画や音楽のプラットフォームになっています。**楽天**もネットショッピングだけでなく、証券やトラベルのプラットフォームになっています。いわゆる**GAFA（Google、Amazon、Facebook、Apple）**と呼ばれる企業が世界市場の覇権を握っているのをご存じの方も多いでしょう。どの企業も巨大なプラットフォームを築いていることからも、このビジネスモデルの強さが伺えます。

　もちろんGAFA以前からプラットフォーマーは存在しています。家庭用ゲーム機市場を席巻した任天堂、巨大ショッピングモールのイオングループ、古くは青果市場もプラットフォームを構築した好例です。

　そして近年目立って登場してきているのが、先端技術を活かし、特定分野におけるエコシステムを構築する**カテゴリープラットフォーマー**と呼ばれる企業です。例えば、食の分野では**クックパッド**、宿泊の分野では**Airbnb**、そしてモビリティ分野で躍進する**Uber**です。

■ モビリティ分野で成長するUber

　ライドシェアを世界で先駆けてサービス化したUberは、まさにカテゴリープラットフォーマーの代表格でもあります。**「乗り手のニーズ」と「クルマを使って稼ぎたいドライバーのニーズ」をプラットフォーム上でつなぐビジネス**として成功させました（詳細は➡P.105）。

　カテゴリープラットフォーマーの強みは、特定分野のビッグデータを大量に集められることです。Uberならライドシェアが利用される時間帯・地域・走行距離・スピード・天候などのデータを分析することで、駐車場やルート検索の最適化などが行えます。それによって、ユーザーとドライバーに質の高いサービスを提供できるだけでなく、モビリティ分野における支配力をも強化できます。さらに、**AIの活用**により、サービスの質を自動的に改善させることが可能となるのです。

　Uberが近年、ライドシェアや配車サービスのみならず、食事配達（Uber

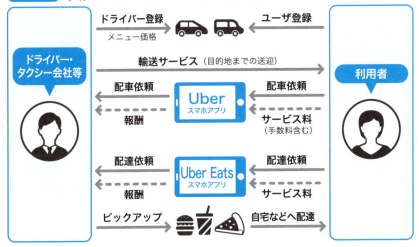

図3-1-2 多様なプラットフォーマーとしてのUber

ドライバー登録　メニュー価格　ユーザ登録

ドライバー・タクシー会社等

利用者

輸送サービス（目的地までの送迎）

配車依頼　配車依頼
Uber スマホアプリ
報酬　サービス料（手数料含む）

配達依頼　配達依頼
Uber Eats スマホアプリ
報酬　サービス料

ピックアップ　自宅などへ配達

同じプラットフォームで配車サービスと宅配サービスが実現できるのがわかる

出典：総務省「社会課題解決のための新たなICTサービス・技術への人々の意識に関する調査研究」
　　　（https://sharing-economy-lab.jp/share-ride-law-trouble）を元に作図

Eats)、貨物輸送（Uber Freight）、将来的には空の移動（Uber Air）など、さまざまな領域に進出しているのはプラットフォームが急成長した証です（**図3-1-2**）。

　ネット古書店からスタートしたAmazonがいまや巨大プラットフォーマーに成長したことを思い出してみても、モビリティ分野からスタートしたUberも今後巨大プラットフォーマーに化けると見るのは、あながち間違いではないでしょう。

■ プラットフォームビジネスの課題

　「Uberのサービス展開を許さない日本は遅れている」といった声が大きいように、Uberは利用者から絶大な支持を得ています。しかしこのプラットフォームビジネスには課題もたくさんあります（**表3-1-1**）。例えばライドシェアの場合、旧来の道路運送法など国の規制や業界のルールから逸脱しているため、既存のバスやタクシー事業者からの反発が起きます。さらに交通体

系を乱し、ただでさえ利益の出にくい公共交通の顧客を奪い、廃線へと追い込む可能性も指摘されています。

　地域住民のモビリティの状況や、移動手段のサービス状況を鑑みて計画を立てたり、マネジメントしたりする必要があるでしょう。

表3-1-1 次世代モビリティサービスと日本の法規制による課題

既存サービス	次世代モビリティサービス	日本での実現性
タクシー	タクシー配車サービス	タクシー配車サービスは稼働中
レンタカー	カーシェアリング	駐車場におけるカーシェアリングは稼働中 路上における乗り捨て型は導入困難
レンタサイクル	自転車シェア	日本全国で稼働中
―	AIオンデマンド乗合交通	稼働中
―	ライドシェア	道路運送法「公共交通空白地有償運送」などに適応されれば可能（→P.221）
―	電動キックボードシェア	現行法下では原付扱い （※一部大学構内でヘルメット、ナンバープレートなしの実証実験中→P.241）
―	自動走行バス・タクシー	実証実験中

ユーザー目線でサービスを作る
住民参画で移動やライフスタイルを転換
都市交通政策のツール

■ フィンランドから提案されたMaaSの仕組み

　MaaSは、モビリティのデジタル革命とも言われています。ここでは「MaaSプラットフォームの枠組み」（**図3-2-1**）を参考に、フィンランドが提案したMaaSをデジタルテクノロジーの側面から説明しましょう。

　フィンランドから提案されたMaaSは、前節で紹介した**プラットフォームビジネス**と言えます。単体の移動サービスだけではなく、公共交通と次世代モビリティサービス（カーシェアリング、自転車シェア、自動運転、駐車場予約など）を組み合わせた**マルチモーダル**が特徴です。

図3-2-1 MaaSプラットフォームの枠組み

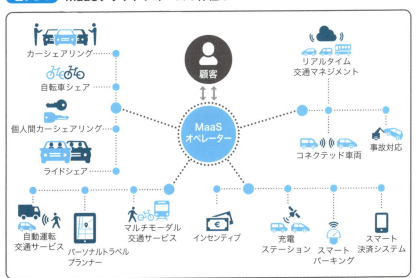

出典：ITSフィンランド提供資料を元に作図

またライドシェアと同様に、プラットフォームビジネスの特徴を活かして、ユーザー目線のサービス作りを得意としない交通事業者よりもサービス作りに長けた第三者が、オープン化されたデータを集めて、ユーザー目線のサービス作りをしたほうがよいのではないかと、フィンランドは考えています。また、サービスの質を向上させるためにも、ある一定程度の競争も必要だとしています。そしてフィンランドがもっとも強調するのが、前節で触れた**エコシステムの構築**です。

■ 都市の課題を解決するツール

ビジネスの側面だけではなく、MaaSは都市の課題解決に対する考え方やツールとして受け入れられていることも重要です。フィンランド運輸通信省の出身で、MaaSについて産官学連携を進めるMaaSアライアンスのPiia Karjalainen（カルジャライネン）シニアマネージャーは、次のように指摘しています。

「**これまでの都市交通政策では、行動変容や行動変更を促すために、住民に課税するなど反発を招くような施策が多かった**のです。しかし、MaaSは住民に気持ちよく参画してもらいながら、自分たちの暮らしや移動を見直してもらうソフトなツールで非常に心強い」

欧州では環境に対する意識が高く、マイカーに依存するのではなく、公共交通などの環境に優しい移動手段やサービスを使うライフスタイルへの転換（行動変容）や、最適な時間や移動手段の選択（行動変更）をするように都市の交通政策を作っています。中心市街地へマイカーで乗り入れるときは、課税をするなどの措置で住民の移動をコントロールしてきました。

MaaSの概念はユーザーファーストに考えて、ユーザーに最適な移動を提供するものです。**住民に気持ちよく移動やライフスタイルを転換してもらう都市交通の政策のツール**として使えるのではないかと、非常に期待が高まっているのです。

ヘルシンキの課題設定は、マイカーの台数を減らして環境に優しい都市にすることですが、各国で課題が異なります。日本でMaaSを展開する際は、その都市の課題に寄り添うように組み立てるのが肝心です。

また、高齢者が運転免許証を返納した後の移動をどう用意するかが大きな社会問題となっています。MaaSを運転免許証を返納した後の新たな移動の「免許証」や「鍵」作りだと考えるとよいのではないでしょうか。

■ 注目される定額パッケージ

　インターネットやスマートフォンの普及により、モノの買い方やサービスの利用方法は大きく変わりました。そして料金体系も実に多様なものが提案され、生活の中に溶け込んでいます。例えば、スマートフォンの本体の機種を変更する際は2年間などの契約にして、サービスと機種代金を月々まとめて支払っています。また音楽や映画などは、NetflixやAmazon Primeなどのように、毎月の定額料金でサービスが使い放題になるサブスクリプションモデルです。

　このような時代の流れを受けて、モビリティの分野でもサブスクリプションの要請が高まっています。

　MaaSアプリの代表格である「**Whim**」は、鉄道やバスなどの**既存の公共交通のみならず、タクシーや次世代サービス（レンタカー、カーシェアリング、自転車シェアなど）を含めたサブスクリプションモデル（定額制パッケージ）を採用**したことでも注目を集めています（➡P.25）。

タクシー配車、自転車シェア、カーシェアリング、AIオンデマンド交通、自動運転
MaaSを構成するモビリティサービス

■MaaSは既存の公共交通と次世代サービスの組み合わせ

　前節ではMaaSプラットフォームの枠組みを紹介しながら、それが既存の公共交通と次世代モビリティサービス（レンタカー、カーシェアリング、自転車シェア、自動運転バスなど）を組み合わせたマルチモーダルによって構成されていることを説明しました。

　ここでは、**日本の次世代モビリティサービス**を紹介しながら、MaaSを構成するためのヒントを探っていきます。

タクシー配車

　タクシーは個々人の移動ニーズを把握するのに長けた移動サービスです。鉄道やバスなどの公共交通による移動手段のない地域では、タクシーへの期待が高まっています。

　これまでタクシーは駅やバス停前で並んで待ったり、「流し」といって走らせながら客を拾っていました。そこに近年登場したのが、**タクシー配車アプリ**です。例えばタクシー会社が独自で開発した日本交通グループの「**Japan Taxi**」（図3-3-1）、DeNAが神奈川県タクシー協会の協力を得ながら始め、神奈川県以外でも徐々に拡大している「**MOV**」。そしてUberやDiDiのアプリも日本ではタクシー会社と連携していて、タクシー配車アプリとして活躍しています。

　JapanTaxiを運用する日本交通ホールディングスとMOVのDeNAは、2020年4月1日にタクシー配車アプリ事業を統合し、「**Mobility Technologies**」としてスタートします。

　また徳島の「**電脳交通**」は、タクシーの配車システムの開発や配車業務の

図3-3-1 「JapanTaxi」アプリの使い方

乗車位置を決めて、決済方法を確認して、配車完了
出典：JapanTaxi公式ウェブサイト（https://japantaxi.jp/）から引用

受託サービスなどを行っています。家族経営の小さなタクシー会社が、デジタルを活用して事業を効率化する仕組みを提案したところ、タクシー同業者から支持されました。事業はどんどん大きくなり移動のサービスに興味のある異業種からも視察が訪れています。

全国各地で自動運転タクシーの実証実験も行われています。これらのタクシー配車サービスを使って自動運転タクシーの配車も近い将来、可能になるのではないかと期待されています。

カーシェアリング、レンタカー、個人間カーシェアリング

スマートフォンの普及と共に、自動車のシェアリングサービスもさまざまなものが提案されています。昔から普及しているのが実店舗を構えて1〜2日間で貸し出す**レンタカー**（ニッポンレンタカー、トヨタレンタカーなど）。そして駐車場などに置いてあるクルマを使った時間分だけ支払う**カーシェアリング**（タイムズ24、オリックスレンタカー、三井不動産リアルティなど）です。

そして最近新しく登場したのが、マイカーを使っていない時に貸し出す**個人間カーシェアリング**です。個人間カーシェアリングの代表的なサービス

図3-3-2 個人間カーシェアリング「Anyca」の仕組み

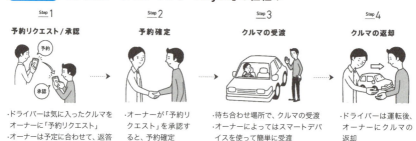

Step 1	Step 2	Step 3	Step 4
予約リクエスト/承認	予約確定	クルマの受渡	クルマの返却
・ドライバーは気に入ったクルマをオーナーに「予約リクエスト」 ・オーナーは予定に合わせて、返答	・オーナーが「予約リクエスト」を承認すると、予約確定	・待ち合わせ場所で、クルマの受渡 ・オーナーによってはスマートデバイスを使って簡単に受渡	・ドライバーは運転後、オーナーにクルマの返却

出典：Anyca公式ウェブサイト（https://anyca.net/）より引用

「**Anyca**」（エニカ）は、DeNAが始めました（**図3-3-2**）。

　それに興味を持ったのが、保険会社のSOMPOホールディングスです。保険会社は「自動車の所有が低下しているので、所有する抵抗を下げたい。自動運転時代に合わせて保険の届け方を変えていかないといけない」という課題を抱えています。そこで2019年にDeNAとSOMPOホールディングスは合弁会社「DeNA SOMPO Carlife」を設立しました。2社はお互いの強みを活かしながら、クルマの所有の定額制サービス（メンテナンス付きマイカーリース）「**SOMPOで乗ーる**」（ソンポ）で自動車に乗ってもらい、Anycaで貸し出して、所有にかかるコストをできるだけ抑える仕組みを作ると共に、新しい保険の届け方を考えています。

自転車シェア

　自転車シェアはパリの「**Vélib'**」（➡P.93）がきっかけとなり、世界各国で始まりました。日本でも地域の、タクシーやバスに乗るほどでもないが徒歩には遠い移動距離、いわゆる**ラストマイル**（➡P.236）を担う観光客向け、あるいは大都市での通勤・通学需要を中心に、移動手段として各地に広まっています。2017年度までに本格導入している都市の数は135に上ります（**図3-3-3**）。代表的なものは東京都内などでNTTドコモの子会社が展開している「**ドコモ・バイクシェア**」で日本最大規模です（**図3-3-4**）。ここ数年で中国発のMobike（モバイク）などの新しいサービスモデルを提案する自転車シェアが、日本でも展開を試みました。

図3-3-3 日本全国の自転車シェアの取り組み動向（2018年3月31日時点）

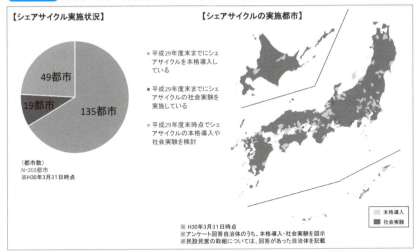

【シェアサイクル実施状況】

49都市
19都市
135都市

（都市数）
N=203都市
※H30年3月31日時点

【シェアサイクルの実施都市】

■ 平成29年度末までにシェアサイクルを本格導入している

■ 平成29年度末までにシェアサイクルの社会実験を実施している

■ 平成29年度末時点でシェアサイクルの本格導入や社会実験を検討

■ 本格導入
■ 社会実験

※ H30年3月31日時点
※アンケート回答自治体のうち、本格導入・社会実験を図示
※民設民営の取組については、回答があった自治体を記載

出典：国土交通省「シェアサイクルの取組等について」
（http://www.mlit.go.jp/common/001267508.pdf）より引用

図3-3-4 ドコモ・バイクシェアポートと解錠のための自転車操作パネル

事前登録したFelicaカードをかざすか、その場でパスコードを発行・入力して解錠　（編集部撮影）

自転車シェアは、料金の割に再配置の問題などコストが掛かる作業が多く、ビジネスとして採算を取るのが難しいサービスです。世界各国の自治体やサービス会社が試行錯誤を重ねながら、持続可能な仕組みを検討中です。

AIとオンデマンド交通

AIを活用したオンデマンド乗合交通も注目されています。

オンデマンド乗合交通とはバスやタクシーのサービスが民間ベースで成り立たない地域で、依頼があったときに乗り合わせるサービスです。基本的に、例えば前日までに予約をする必要があるのが不便で、運行する側もルートの設定やシステムの費用などに課題を抱えていました。

それに対して**AIオンデマンド乗合交通**では、利用者は事前予約の必要がなく、乗りたいときにアプリで手配して乗ることができます（**図3-3-5**）。運行サイドではAIによる最適ルートの計算、ドライバーへの送迎指示などが自動的に行われます。バスやタクシーなどの運行管理側の負担が激減されるうえに、効率化が図られ生産性が向上するため、注目されています。

図3-3-5 AIオンデマンド乗合交通

乗りたい時に乗りたい場所で手配すると、AIが最適ルートとドライバーへ送迎指示を出す

相乗りマッチングサービス

　欧州ではすでに歴史のある相乗りマッチングサービスですが、日本では「notteco」、「nearMe.」などで展開が始まっています。

　nottecoは長距離の移動を安くしたいと思う同乗者と、あと3席空いているのでガソリン代や高速代を割り勘したいと考えるドライバー間をマッチングさせるサービスです（**図3-3-6**）。

nottecoの予約ウェブサイト

観戦などの趣味の移動者などをマッチング
出典：notteco公式ウェブサイト（https://notteco.jp/）より引用

　nearMe.は、成田空港と東京23区の一部の区域の自宅とをドア・ツー・ドアで乗合シャトルバスでつなぐサービスです。タクシーは利用者とは1契約の原則があるため、乗り合いが禁止されています（複数契約となるため）。そこで、乗る前に個人間で事前マッチングをさせて、タクシーに送客するサービスを行っています（**図3-3-7**）。

図3-3-7　自宅と成田空港を相乗りでつなぐ「nearMe.」

利用者を乗車前にマッチングさせるというアイデアで、法規制を逃れ便利な相乗りタクシーが実現
出典：nearMe.公式ウェブサイト（https://app.nearme.jp/airport-shuttle/）より引用

パーソナルモビリティ

　詳しくは第9章で紹介しますが、WHILL^{ウィル}などの「電動車いす」（➡P.244）や、LUUP^{ループ}などの「電動キックボード」などのシェアリング（➡P.240）も登場しています。

自動運転

　そしてSection3-5（➡P.79）で詳しく紹介しますが、自動運転とMaaSは緊密な関係にあります。運転席にドライバーのいない自動車は、個人が自分で購入して自宅の車庫で停める使い方とは異なる活用法が考えられます。自動運転車を何台も保有していて、呼び出しに応じて配車するタクシーのようなシェアサービスだったり、決められた経路を往来するバスのようになるのではないかと想定されています。

　このため、無人の自動運転車はMaaSを構成するモビリティサービスのひとつとして、トヨタやダイムラーなどの自動車メーカーも注目しています。

　ただし、上記のモビリティは日本ではまだまだ規制も多く、法整備も含めて本格的にサービスとしてスタートするまで時間が掛かりそうです。

シームレスなサービスに不可欠
MaaSとデータ連携

■ なぜデータ連携が必要か

　国土交通省が2019年3月に公表した「**都市と地方の新たなモビリティサービス懇談会 中間とりまとめ**」では、MaaSは交通サービスの供給側と需要側の双方に変革をもたらし、人々のライフスタイルやまちづくりのあり方までも変え得るとしており、「あらゆる人々の豊かな暮らし」を目指して、「日本版MaaS」の実現に向けた早急な検討が必要であると記しています。

　このとりまとめでは、地域横断的な取り組みとして5項目を挙げていますが、その筆頭にあるのが、**事業者間のデータ連携の推進**です。この中で、事業者間のデータ連携を加速させるため、

❶ 連携データの範囲及び連携ルールの整備

❷ データ形式の標準化

❸ API仕様の標準化

❹ データプラットフォームの実現

そして、MaaSオペレーター同士やオペレーターと交通事業者間のデータ連携のための共通基盤を活用して、

❺ 災害時の情報提供等データの公益的利用

も行う必要があるとしています（図3-4-1）。

　多様な交通をシームレスにつなぎ合わせるMaaSでは、**時刻表などの静的情報や、リアルタイムの運行情報、予約状況などの動的情報など、各種データが共有されるデータプラットフォーム**が必要です。さらに**移動の付加価値を高めるために、小売、飲食、宿泊、観光、医療、教育、行政サービスなど多様な分野の連携**も考えられます。

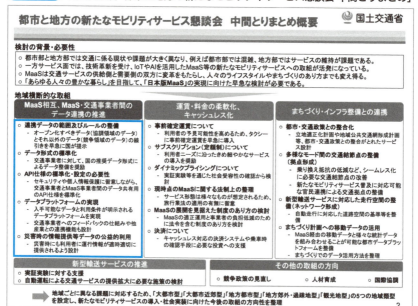

図3-4-1 国土交通省「都市と地方の新たなモビリティサービス懇談会 中間とりまとめ」

中間とりまとめでは地域横断的な取り組みとして5項目を提示し、筆頭にデータ連携を挙げた

出典：国土交通省「都市と地方の新たなモビリティサービス懇談会 中間とりまとめ」
　　　概要（https://www.mlit.go.jp/common/001280181.pdf）より引用

　第2章で書いたように（➡P.39）、日本は欧州と異なり多くの民間事業者が公共交通サービスを担っているため、データも社内システムのために構築しており、他の事業者と共有するような仕組みになっていません。しかも**データを自社資産と考え公開を躊躇する事業者も多く存在**します。そのため経路検索事業者はデータ整備や加工・分析に一定のコストを要してきました。

　しかし**データ連携が実現すれば、個々の事業者の経営努力のみでは解決が難しい交通サービスの課題について、地域全体での検討・分析が容易になり、サービスの向上や経営・改善に役立つ**ようになります。

データ連携の指針

「中間とりまとめ」ではこうした状況を鑑み、今後の取り組み方針として、

❶オープン化すべきデータ（協調領域）とそれ以外のデータ（競争領域）の線引き

❷事業者間のデータ連携に関するAPI仕様の可能な限りの標準化、MaaS事業者のシステム構築を容易にするガイドライン作成など

❸ユニバーサルなサービス実現を目指すMaaS相互連携方針の明確化

を2019年度中に進めるとしています。

■ 未来投資会議でもMaaSが取り上げられる

2019年12月、政府の「未来投資会議」で出された「新たな成長戦略実行計画策定に関する中間報告」（**表3-4-1**）では、項目のひとつにモビリティが

表3-4-1　未来投資会議「新たな成長戦略実行計画策定に関する中間報告」

1. デジタル市場	（1）デジタル市場のルール整備 （2）デジタル技術の社会実装を踏まえた規制の精緻化 （3）5Gの加速及びポスト5Gの情報通信システム・半導体開発及び製造技術開発
2. 地域のインフラ維持	（1）独占禁止法の特例法案 （2）スーパーシティ構想の早期実現
3. 中小企業・小規模事業者の生産性向上	（1）継続的な生産性向上の支援 （2）第三者承継を含む事業承継の促進と創業支援 （3）産業ごとのきめ細かな取引関係の適正化
4. フィンテック／金融	（1）フィンテック／金融分野の法制の見直し （2）キャッシュレスの促進策
5. モビリティ	（1）Society 5.0時代の高齢運転者による交通事故対策 ❶衝突被害軽減ブレーキ（自動ブレーキ）搭載車とペダル踏み間違い急発進抑制装置の普及促進 ❷サポカー限定免許の創設 （2）地方部における移動手段の確保 ❶交通事業者が協力する自家用有償旅客運送制度 ❷MaaSの推進
6. エネルギー・環境	

出典：未来投資会議「新たな成長戦略実行計画策定に関する中間報告」(https://www.kantei.go.jp/jp/singi/keizaisaisei/miraitoshikaigi/dai34/saisyuu.pdf) を元に作図

掲げられ、**地方における移動手段の確保**を挙げています。ここで「交通事業者が協力する自家用有償旅客運送制度（詳細は➡P.220）」と共に触れているのが、「MaaSの推進」なのです。

　具体的にはMaaSにおいて、複数の公共交通事業者が運賃や料金の届出を行う際、これまでは個別に国の機関に届出を行うことが原則だったところ、認定を受けた場合に一括・共同で届出できるようにするもので、この制度等を盛り込んだ法案を、2020年の通常国会に提出すると記されています。

　これが契機になり、データの協調領域と競争領域の線引き、API仕様の標準化なども進められ、MaaS構築が容易になっていくことを期待します。

■MaaSのデータ連携を円滑に進めるための「ガイドライン」

　「都市と地方の新たなモビリティサービス懇談会」中間とりまとめや、これからMaaSの取り組みが全国的に普及することを踏まえて、国土交通省は「MaaS関連データ検討会」を開き、2020年3月に「MaaS関連データの連携に関するガイドライン」を作成しました。

　このガイドラインは、これからMaaSに取り組む企業や自治体などを対象にしており、すでにMaaSに取り組む国内事業者や自治体の知見を元に、「どうすれば円滑にデータ連携が可能か」「何に気をつければ良いのか」「どのデータが必要か」をまとめています。

　欧米と異なり、データ連携に対して抵抗感のある交通事業者が多い日本において、鉄道、バス、タクシーなどの交通事業者が、このガイドラインの方向性を認めたという点で、MaaSのデータ連携において進捗がありました。

MaaSで拡がる自動運転社会

■ Googleが仕掛けた自動運転競争

　近年、モビリティ業界で話題になっているジャンルのひとつに、自動車の**自動運転**があります。この自動運転もMaaSと密接な関係があります。

　自動運転車が注目されたのは、**2009年に米国IT企業のGoogleが研究開発を始めたことが大きい**でしょう。

　Googleはそれまで、自動車業界とはほとんど縁がありませんでした。しかし地図情報のGoogleマップは2005年から提供を開始していたうえに、自動運転はビジネスになると決断し、2004年から米国国防高等研究計画局（DARPA）主催で行われていた自動運転車のレースで初優勝したチームのリーダーを招き入れ、開発を始めたのです。

　それ以前から自動車メーカーも自動運転の研究はしていました。しかし自動車の魅力のひとつとして、自分の意志で自由に移動できることがあったので、自己否定になるような自動運転は表沙汰にしたくないという空気があったようです。しかしGoogleの参入に影響を受け、自動車メーカーも自動運転の研究開発に積極的に取り組むようになりました。

　一方欧州では、EUが研究開発資金の一部を援助するプログラムのひとつとして、**シティモビル**というプロジェクトが2006年から始まっていました。2012年から2016年まで実施された**シティモビル2**では、欧州内の企業・自治体・大学など45もの団体が共同でプロジェクトを進め、**無人運転の箱型シャトルが開発**されました。欧州内の7つの地域で実証実験が行われ、合わせて約5万人を輸送しました（**図3-5-1**）。

図3-5-1 シティモビル2の実証実験

フランスのニース郊外で2016年に行われた実証実験の様子 （著者撮影）

車両に共通するテクノロジー

　いずれの自動運転車も、自車位置を認識するGPS、周辺情報をチェックするカメラやレーダーやLIDAR、地図情報、車両の動きを感知するセンサーからの情報を元にして、AI（人工知能）が判断を行い、アクセルやブレーキ、ステアリングを操作するという原理です（**図3-5-2**）。LIDARとはレーザー光線を広範囲に照射する機器の名称で、レーザーセンサーと呼ぶこともあります。

図3-5-2 自動運転車に組み込まれるテクノロジーの一例

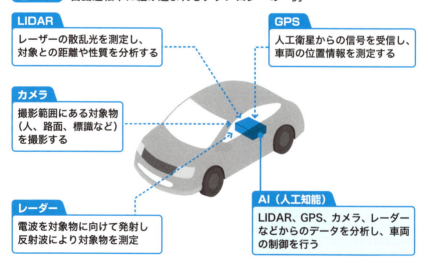

LIDAR
レーザーの散乱光を測定し、対象との距離や性質を分析する

GPS
人工衛星からの信号を受信し、車両の位置情報を測定する

カメラ
撮影範囲にある対象物（人、路面、標識など）を撮影する

レーダー
電波を対象物に向けて発射し反射波により対象物を測定

AI（人工知能）
LIDAR、GPS、カメラ、レーダーなどからのデータを分析し、車両の制御を行う

■ 自動運転のレベル分け

　MaaS同様、自動運転にもレベル分けがあります。米国のモビリティ専門家による非営利団体である自動車技術協会（SAE）が制定したもので、レベル0〜5の6段階になっています。

　詳細については**表3-5-1**を見ていただきたいのですが、現在実用化されている、ドライバーが運転主体であるうえでの衝突被害軽減ブレーキ、前車追従クルーズコントロール、車線維持支援システムを備えた車両はレベル2です。日本政府では、2020年までに乗用車については高速道路でのレベル3、移動サービスについては限定地域の無人自動運転移動サービス（レベル4）を実現というシナリオを発表しています。

表3-5-1 SAEが制定した自動運転レベル

レベル	概要	主体[1]
運転者が一部または、すべての動的運転タスクを実行		
レベル0 運転自動化なし	・運転者がすべての動的運転タスクを実行	運転者
レベル1 運転支援	・システムが、縦方向または横方向のいずれかの車両運動制御のサブタスクを、限定領域において実行	運転者
レベル2 部分運転自動化	・システムが、縦方向及び横方向両方の車両運動制御のサブタスクを、限定領域において実行	運転者
自動運転システムが（作動時は）すべての動的運転タスクを実行		
レベル3 条件付き運転自動化	・システムがすべての動的運転タスクを限定領域において実行 ・作動継続が困難な場合は、システムの介入要求等に適切に応答	システム[2]
レベル4 高度運転自動化	・システムがすべての動的運転タスク及び作動継続が困難な場合への応答を、限定領域において実行	システム
レベル5 完全運転自動化	・システムがすべての動的運転タスク及び作動継続が困難な場合への応答を無制限に実行	システム

出典：首相官邸「官民ITS構想・ロードマップ2019」(https://cio.go.jp/node/2509) を元に作図

※1：運転に関わる認知、判断、操作を行う主体のこと
※2：作動継続が困難な場合は運転者

乗用車と移動サービスは別物

　ここで注目してほしいのは、乗用車と移動サービスを分けていることです。**乗用車とは個人所有のマイカー**のことで、**移動サービスはバスやタクシー、ライドシェア**などを指します。展開場所の違いから前者はハイウェイ型、後者はシティ型とも言い換えられるでしょう。

　現在、地方のバスは利用者減少が著しく、タクシーとバスの中間サイズの車両が求められています。また**ライドシェアは旅客運送用（第二種運転）免許を持たない一般ドライバーが他人の移動を請け負うことがタクシーとの最大の違いですが、無人運転となればこの違いは解消します**。ゆえに移動サービスとまとめて記しているのです。

　なお無人運転といっても完全に無人ではなく、鉄道の世界のいわゆる新交通システムのように、集中管理室で遠隔監視をしており、非常時には監視者が利用者への情報伝達や手動での運転などを担当します。

　マイカーの自動運転は自動車メーカー各社が開発を進めているのに対し、移動サービスについてはGoogle改め「Waymo（ウェイモ）」をはじめ、シティモビルから生まれた「EasyMile（イージーマイル）」と「Navya（ナビヤ）」（共にフランス）が世界各地で実験を始めています。

　このうちWaymoは2018年12月にFCA（フィアット・クライスラー・オートモビル）の車両を用い、アリゾナ州で運転手を乗せたレベル3でライドシェアの商用サービスを開始しました。一方、Navyaの無人運転シャトルはスイスのシオン旧市街で、2016年から一般客を乗せて公道での実証実験を続けています。

■自動運転の研究を進める企業

　既存の**乗用車を使った自動運転ライドシェア**は、Waymoと同じ米国の**Uber**（➡P.105）も研究開発を進めており、我が国ではトヨタ自動車とソフトバンクの合弁会社である**MONET Technologies（モネ テクノロジーズ）**（詳細は➡P.133）が、2019年から国内数カ所で実証実験を行っています。

　一方、**無人運転のシャトルバス**については、日本国内では**トヨタ**や**パナソ**

ニック、**ソニー**が開発を進めているほか、無印良品ブランドを展開する良品計画がフィンランドのスタートアップ、**Sensible4**が開発した無人運転シャトルのデザインを担当し、海外では独**ボッシュ**や中国**百度**なども手掛けています。それだけ今後のマーケットが有望視されているのでしょう。

さらに言えば、マイカー以外の自動運転車では、車両の製造会社と運行会社、利用者がアクセスするアプリの開発会社は異なることが多くなります。それだけ裾野の広いジャンルになるのです。

■ なぜ自動運転がMaaSと結びつくのか

前に少し触れたように、**地方の公共交通は過疎化で利用者が減少**しています。バスやタクシーは人件費が経費の半分以上を占めており、しかも近年は**運転手不足**にも悩まされています。無人化が実現すれば、安定運行が期待できます。一方で高齢ドライバーによる事故も目立ってきており、マイカーに変わる移動手段を用意することも重要です。

ちなみに運転手不足は地方に限った話ではなく、東京23区内でも影響が現れはじめています。筆者（森口）がよく使う京王バスでは2019年2月のダイヤ改正で、東京23区での減便を行っているほどです。

乗務員が乗るパターンであっても、**運転操作をAIに任せることができれば負担がかなり軽減**されます。日本では現在、バスやタクシーの運転には第二種免許が必要ですが、自動運転によってハードルの低いライセンスでも良いという議論が出てくれば、ドライバー不足解消につながります。

ではなぜ自動運転とMaaSを結びつけたのでしょうか。理由は簡単、**ドライバーがいない無人運転車では、運賃を支払ったり、行き先を聞いたり、両替を依頼したりという行為はできなくなるから**です。MaaSによる事前の経路探索や運賃決済が必須になってくるのです。

また無人運転のシャトルバスは時速20〜30kmという低速走行が基本であり、駅やバス停留所から自宅や会社までの、**ラストマイル**と呼ばれる短距離に展開されます（詳細は➡**P.236**）。それ自体で移動が完結する人はわずかであり、他の交通との連携が不可欠です。この点でもMaaSが重要になるの

です（図3-5-3）。

図3-5-3 社会課題の解決に自動運転とMaaSは不可欠

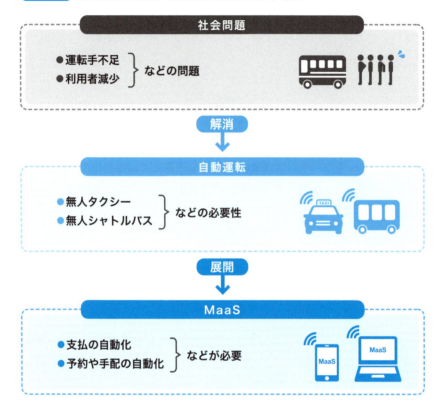

Massアプリ開発が目的化しがち
MaaSを日本で
取り組むときのコツ

■ 移動手段と周辺サービスを組み合わせる必要性

　日本でもマルチモーダルサービスの実証実験は行われてきました。トヨタ自動車が豊田市などでサービス展開を行っている Ha:mo もその1つです（詳細は➡P.129）。いろいろな日本の実証実験を筆者（楠田）が見てきてわかったことは、**単に移動手段と移動手段をつなぎ合わせただけでは収益が上がらない**ことです。

　日本の公共交通は、東京や大阪などの大都市以外は赤字で、補助金などに頼って運行しています。そこで持続可能な公共交通や地域の移動サービスを構築するためにも、**図3-6-1**のようなイメージで**多様な周辺サービス（子育て、医療・福祉、小売り、住宅・都市開発、観光など）と連携**してビジネス

図3-6-1　日本版MaaSは周辺サービスとセットで考える

個々人に着目した
心豊かな暮らし

・周辺サービス

| 都市道路 | 福祉・医療 | 子育て | 住宅 | 産業物流 | 観光 |

・持続可能な社会

| 歩く歩行補助 | 自転車 | 自動車四輪・二輪 | バスタクシー | 鉄道 | 飛行機船 |

・モビリティ

モデルを構築する必要があります。また、**物流に目を向けてみる**のも面白い
かもしれません。

　例えば子育てなら、家と学校の往復だけを考えるのではなく、学習塾やス
ポーツ施設などへの送迎も視野に入れることで、皆が望むモビリティの姿も
変わってきます。そこには新たなビジネスチャンスが眠っているかもしれませ
ん。また、地域経済の活性化や暮らしの向上に役立つような、ヒントに気
づくかもしれません。その他、**医療・福祉、産業・物流、観光なども、私た
ちの暮らしから切り離せない要素です。これらのサービスとモビリティをど
う連携できるのか**、考えてみることをおすすめします。

　国土交通省も「日本版MaaS」の特徴として、移動と多様なサービスを組
み合わせた「高付加価値化」だと主張しています。

■ 業務効率改善を目的にデジタル化を進める

　またMaaSはユーザーファーストに考えることが大切ですが、持続可能な
事業であってこそのユーザーファーストです。

　自治体などがMaaSに取り組む場合、住民の声を聞き過ぎるために、非効
率な事業になってしまったり、無理難題をバスやタクシー事業者に依頼した
りしてしまいがちです。欧州では業務効率の改善を強いて同時に、地図、バ
ス停、公共交通のリアルタイム情報をデジタル化して共有する動きがありま
す。さらにそのデータを元に、切符の販売方法を増やす目的で、乗換検索ア
プリを多機能化させて、MaaSにするところもあります。サービスを提供す
る側が、進んで取り組める、財務状況が改善するような内容を作ることをお
勧めします。

■ 地域ごとにMaaSアプリの性質は異なるが、アプリ間の
　　データ連携が必須

　日本でMaaSを展開する際に心配されることは、全国にたくさんのMaaS
アプリが生まれて混乱が生じることです。

日本の大きな社会課題に、人口減少と少子高齢化が挙げられます。MaaS の文脈においては、地方都市における高齢者や観光客など、「クルマの運転ができない人に対する移動手段の確保」と「公共交通の維持」がメインとなります。地域ごとに公共交通を提供している民間企業があり、それぞれ各地域固有の課題があります。結果、その地域特性に合わせて MaaS アプリを作ることになるため、国土交通省が指摘するように「都市部における MaaS」や「地域における MaaS」が日本全国にたくさん生まれると考えられています。

　その際に問題となることは、かつての交通系 IC カードのように MaaS アプリ間の連携がなく、**利用者にとっても運用側にとっても使い勝手が悪くなってしまうことです。この問題の解決にはアプリ間の連携が欠かせません。**

■MaaSアプリ開発は手段であり目的化しないこと

　いま「MaaS」は日本の中でビッグワード化しています。いろいろな業態の企業が MaaS アプリの開発を我先にと検討しています。その際に特に経営層が理解すべきことは、「MaaS アプリの開発だけが MaaS だけではない」ということです。

　フィンランドが提案する MaaS にもあるように、あくまでも社会課題を解決するソリューションの概念が MaaS です。地域の課題を把握して、ありたい姿を描き、それに向かう仲間づくりと体制づくり、そしてエコシステム（異業種間の目的共同体）を構築することが大切です。MaaS アプリだけでは社会課題を解決するソリューションにならないことを肝に銘じるべきです。

第**4**章

海外のMaaS実例

フィンランドで生まれたMaaSはすぐに世界に広まりました。欧米やアジアの先進事例を紹介しながら、日本におけるMaaS普及のヒントを考えていきます。

自動車メーカーもMaaSに参入

ドイツは自動車メーカーも クルマの台数を減らすことに協力

■ 環境意識の高い国

　ドイツは日本同様、**自動車産業が国の主力**となっています。しかし一方で、**環境意識の高い国**としても知られています。

　高速道路のアウトバーンは速度無制限となっており、この国で生まれる自動車の高性能を立証する舞台となってきましたが、ドイツを代表する風景である「黒い森」で木々が枯れるなどの被害が目立ったこともあり、現在は多くの区間で速度制限を導入しています。

　奇数年にフランクフルトで開催されてきたモーターショーでは、環境団体が大挙して押し寄せ、抗議活動を繰り広げてきました。2019年の欧州議会選挙ではドイツの環境政党「緑の党」が躍進し、その後の国内世論調査では初めて支持率トップになりました。

　地域別の活動も目立っており、例えば南部の都市フライブルクのヴォーバン地区は、LRTをはじめとする公共交通を整備し、街中から自動車を排除した都市として知られています。

　こうした状況もあり、ドイツの自動車メーカーは環境対策に熱心に取り組むことを強いられる結果になっています。詳しくはSection5-5（➡P.139）で紹介しますが、**自動車の総量を減らす効果があるモビリティサービスにも積極的に関わっています**。

　メルセデス・ベンツなどを生産販売するダイムラーは、小型車スマートを用いたカーシェアリング「car2go」に続いてMaaSアプリ「moovel」を導入しており、2018年にはダイムラーのライバル会社であるBMWとモビリティサービスの統合を決定。MaaSアプリは「REACH NOW」と名を変えました。

■ 都市内交通アプリは都市によってさまざま

　欧州の都市は、多くが城塞都市として発展してきた経緯もあり、都市機能を狭い地域に凝縮したコンパクトシティが定着しています。したがって交通においても、都市内と都市間が明確に分かれています。

　公共交通についても同じことが言えます。ドイツはアメリカのような**連邦共和国**で、16の州から構成されています。都市交通については第2章で紹介した**運輸連合**（➡P.41）が運営し、都市間については国が全株式を保有するドイツ鉄道 (DB) が走らせています。よってインターネットのウェブサイトやスマートフォンのアプリも双方が提供しています。

　個々の都市交通は独自のウェブサイトやアプリを持っており、連携はほとんどありません。内容も都市によって違いがあります（**図4-1-1**）。

　首都ベルリンの市交通局 (BVG) では、2019年に自ら運営する公共交通とその競合にもなるシェアリングサービスを一括利用できるアプリ「Jelbi」の提供を始めました。公共交通とシェアリングサービスの双方で事前決済も可能で、複数のシェアリングサービスを用意したJelbi Stationという拠点の設置も始め、2019年時点で4駅に展開しています。

　南部のシュツットガルトでは市の路面電車会社 (SSB) が「SSB Move」というアプリを用意しており、市内を含めたシュツットガルト運輸連合 (VVS) での

図4-1-1 ドイツ各地域の運輸連合と州郡の街

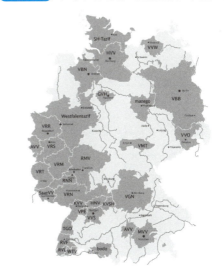

運輸連合（ベルリンのVBBなど）と州郡の街ごとに交通のアプリが作られ、数多のアプリが存在する

出典：DB公式ウェブサイト
　　　(https://www.bahn.de/p/view/angebot/
　　　verbuende/index.shtml) より引用

経路検索とチケット購入が可能です。ただし対象は公共交通のみで、カーシェアリングやスクーターシェア、自転車シェアとの併用には「polygo」という IC カード乗車券を用いることになります。

ドイツ内を網羅するアプリと都市間・他国との移動をサポートするアプリ

　一方のドイツ鉄道はウェブサイトで乗換検索、予約、決済ができるほか、アプリについては 2009 年に導入した「**DB Navigator**」と、2013 年登場の「**Qixxit**」の 2 種類を用意したのが特徴です。なお後者は 2016 年からスタートアップによる運営に移行しています。

　両者の違いはカバー範囲で、DB Navigator はドイツ鉄道のみならず都市交通を含めての経路検索、予約、決済が可能です。対する Qixxit は国境を越える都市間高速バスの FLIX BUS や飛行機比較サイトの Skyscanner と連携して、世界の都市を結ぶ、飛行機や高速バスの経路検索・予約・決済サービスが行えます（**図4-1-2**）。

　このようにドイツには、都市内、国内、世界間の大きく 3 つの領域のアプリが乱立しており、さらに、ここに前述した自動車メーカーのアプリなどが加わることで、激しい競争が繰り広げられています。

図4-1-2　**ドイツ鉄道が提供する2つのMaaSアプリ**

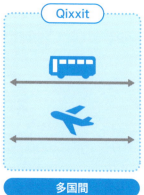

DB Navigatorは国内移動を、Qixxitは海外との移動を担当する

国家レベルのプロジェクトが発進
フランスで動きはじめた 巨大MaaS

■ 世界に先駆けて交通権を確立

フランスはドイツよりやや遅れたものの、1980年代に入って、過度に自動車に依存した生活からの脱却を図る動きが始まりました。きっかけは1982年に施行されたLOTI（国内交通基本法）で、**世界に先駆けて「交通権」を定義**しています（→P.51）。万人が自由かつ快適に、環境負荷を最小限に留めつつ移動できることを規定したもので、公共交通再整備を明文化したものでした。

フランスでは多くの公共交通が廃止または減便に追い込まれていましたが、オイルショックとLOTIが契機となり、沿線の事業所から税金を徴収して公共交通の整備や運営にあてる交通税が導入されたこともあって、再整備が始まっています。

例えば首都パリでは、第二次世界大戦前に全廃した**路面電車が、LRTとして1992年にまず郊外で復活**し、現在は市内を含めて9路線を擁しています。また2007年に導入された自転車シェア「Vélib'」は、規模の大きさや利用者の多さなどから、この種のモビリティサービスの代表格と位置づけられています。

MaaSへつながる取り組み

MaaSにつながるモビリティサービスとしては、スマートフォンアプリによる経路検索などは各地で導入されたものの、それ以上のレベルはフィンランドなどに先を越されていました。ただし近年、いくつかの都市で独自の取り組みが始まっています。

例えば、ドイツ国境に近いアルザス地方のストラスブールでは、市内交通

第
4
章

図4-2-1 ストラスブールの都市交通アプリ「CTS Transports Strasbourg」

GPSと連動した最寄り駅一覧で乗り場を選ぶと、経路検索やチケットの購入ができる

の運営を一括して担当するCTS（ストラスブール交通会社）が2017年、アプリ「**CTS Transports Strasbourg**」（トランスポール　ストラスブール）の提供を開始しています（**図4-2-1**）。こちらでは最寄りの駅や停留所、目的地までの経路検索だけでなく、チケットの購入や決済も可能になっています。LRTやバス、地下鉄、SNCF（フランス国鉄）の地域列車TERだけでなく、自転車シェアやパーク＆ライドも利用可能です。

　このアプリでは定期券も利用できます。欧州の都市交通はゾーン制が一般的なので、定期券は市内乗り放題が多く、ストラスブールでは年齢や収入によって運賃が分かれています。定額制という点ではMaaSに近いと言えましょう。欧州の都市交通の運営体系がMaaSに向いていることを教えられるエピソードです。

■フランス国鉄とルノーが放つMaaSアプリ

　これとは別に**国レベルでMaaS導入の動き**があります。SNCF（フランス国鉄）ではすでに1,300万人のユーザーがいる既存のアプリを、2019年6月からMaaSアプリ「**Assistant SNCF**」に進化させました（**図4-2-2**）。

図4-2-2 フランス国鉄のMaaSアプリ「Assistant SNCF」

出典：AppStore(https://apps.apple.com/fr/app/sncf/id945434433)より引用

図4-2-3 パリ、モンパルナス駅の高速列車TGV

フランスの高速列車TGVは以前からアプリでの利用が可能だった　　　　（著者撮影）

　対象となるのは高速列車TGV（**図4-2-3**）や地域列車TERをはじめ、各都市の地下鉄、LRT、バス、自転車シェア、タクシー、ライドシェア、カーシェアリング、パリ市内から国際空港までのシャトルバスなどで、ルート検索だけでなく運賃決済も可能であり、事故などの障害情報も伝え、代替ルートを提示します。

　発表時点で同国内500都市、人口比率で70％をカバーしており、TERとタクシー、ライドシェアの決済は可能です。ストラスブールではLRTやバスの利用もできます。2019年には**国全体の公共交通のチケットの購入と決済が可能**になりました。

ルノーの役割

　このうちタクシーとライドシェアは、自動車メーカーのルノーが2017年に買収したスタートアップ「**Karhoo**」が関わっています。Karhooは米国Uberと同じように、タクシーやライドシェアを利用者とマッチングさせるアプリを提供しており、世界125カ国1,500都市に展開、合計180万台の車両とつながっています。

　SNCFとルノー、Karhooはこの少し前の2019年5月、TGVにおける上級列車TGV INOUIのチケットとタクシーあるいはライドシェアの配車予約がアプリ上でセットで行え、ドア・ツー・ドアの旅を実現するサービス**Mon Chauffeur**を立ち上げたばかりでした。

　Assistant SNCFはこのサービスを拡張したもので、Karhooはすべての利用者にライドシェアおよびタクシーへのアクセスを提供します。さらに2019年末までには、欧州など22か国で8,000万人の会員を擁する相乗りサービスBlaBlaCarの短距離利用者向けサービスBlaBlaLinesが利用でき、Uberの予約も可能になりました。

■国家レベルのMaaS体制

　SNCFではマイカーと同じぐらいシームレスなソリューションを提供する必要があると感じており、**すべての交通を一元化することを目標にAssistant SNCFを開発した**そうで、MaaSの概念に合致します。さらに「モビリティの権利を拡張するサービス」とも言っており、世界に先駆けて交通権を認めた国らしいところです。

　SNCFは国営の事業体であり、ルノーはフランス政府が筆頭株主です。多くのMaaSが都市型や観光型など地域ごとの導入となっている中、**フランスが国家型MaaSと呼べる体制を作ることができたのは、先進国としては特異なこの状況が関係**しているでしょう。海外展開では国主導での交渉が進めやすいメリットがあり、今後の展開が注目されます。

MaaSレベルを提案した人々が関与
実証実験から本格導入へ
スウェーデンの「UbiGo」

■ 始まりはヨーテボリの移動改革プロジェクト

　MaaSを生んだフィンランドの西隣に位置するスウェーデンは、Section1-5で紹介したように（➡P.31）、MaaSのレベル分けを提案した国ですが、フィンランドに先駆けてMaaSの実証実験を始めてもいます。

　名前は「UbiGo」で、MaaSレベルの作成に関わったスウェーデンの研究者グループのメンバーにも関係者が名を連ねています。

　スウェーデンとフィンランドは、国土、気候、人口などの状況が似ています。フィンランドのノキアに相当する企業としてはエリクソンがあり、早くから情報通信産業が発展してきたことも共通しています。

　そんな中で生まれたUbiGoは、スウェーデン第2の都市**ヨーテボリが2012年から2014年まで進めた移動改革のプロジェクト、「Go:Smart」の一環として導入**されました（図4-3-1）。

　Go:Smartはスウェーデンのイノベーションシステム庁を中心に、運輸庁、ヨーテボリ市と同市を含むヴェストラ・イェータランド県、同県の公共交通運行事業者であるVästtrafik、同市を本拠とするトラック・バスメーカーのボルボ（乗用車を開発生産するボルボカーズとは別組織）などが支援し、ヨーテボリ郊外にあるリンドホルメン・サイエンスパークが主体となって進めたプロジェクトです。

　ちなみにイノベーションシステム庁は、モビリティ分野以外でもスタートアップの革新的なプロジェクトに積極的に投資を行っており、スウェーデンが先進的な国家であるというイメージを内外に植えつける原動力の1つになっています。

第
4
章

図4-3-1 ヨーテボリの路面電車

ヨーテボリの路面電車は11路線を数えスウェーデン最大規模を誇る　　　　　（著者撮影）

■ UbiGoの内容〜首都ストックホルムで展開〜

　UbiGoの内容はWhimと似ていて、鉄道、バス、レンタカー、カーシェアリング、自転車シェアなど**都市内の交通をシームレスにつなぎ合わせ、運賃は事前決済としており、月額制も用意されていました。**

　パートナーはボルボとチャルマース大学で、2013年11月から2014年4月にかけて、ヨーテボリに暮らす83世帯195名（子ども22名を含む）が実験に参加しました。

　実験後の大学の調査は、**市民の行動変化、利用者の満足度、収益性の高いビジネスの可能性として非常によい結果を示しました。**交通手段別ではカーシェアリングやタクシーの利用が増えていました。定額制によって料金の心配なく利用できることが大きかったようです（**表4-3-1**）。

　2015年にはOECD国際輸送フォーラムの「有望なイノベーション」賞を受賞したUbiGoは2年後、今度は首都ストックホルムで実験を開始。2019年に本格導入されました。

　こちらはストックホルム市、ストックホルム地域交通会社（SL）、レ

表4-3-1 UbiGoの使用テストによる移動の推移

モード	UbiGo使用前利用者数40名	UbiGo使用中利用者数36名
徒歩・ラン	25%	-5%
自転車	10%	35%
マイカー	25%	-50%
カーシェアリング	2%	200%
路面電車	15%	5%
路線バス	15%	35%
高速バス	3%	100%
電車	2%	20%

参加者はマイカーの使用を減らし、他のモードの使用を増加させた

出典：「第23回ITS世界会議メルボルン2016」資料を元に作表

ンタカー会社のHertz、カーシェアリング会社DRIVE NOWなどが協力し、EUが資金援助を行う「都市交通の革新的かつ持続可能なプログラム」（CIVITAS：CIty VITAlity Sustainability）も支援を行っています。

それ以外の都市でもUbiGoのコンセプトとプラットフォームを導入すべく議論が進行中であり、2017年にはオーストリアのICT交通システム事業者であるKapschグループの一員でMaaSプラットフォーム提供者であるFluidtimeが提携しています。

ヘルシンキ同様、公共交通自身が提供するアプリもストックホルムにはあります。「**SL Journey planner and tickets**」がそれで、経路検索だけでなく運賃決済もできます。

スウェーデンはキャッシュレス決済が浸透している国の1つでもあり、首都ストックホルムの公共交通は現金で切符を購入することはできず、これらのアプリかICカードを利用することになります。

第
4
章

MaaSレベルはすでにレベル4!?
スイス
合理的かつユーザーファースト

■ 切符の販売のデジタル化を進める

　MaaSレベル4は、MaaSの生みの親がCEOを務めるMaaS GlobalのMaaSアプリ「Whim」も達成していないと言われています。スイスのMaaSレベルを分類した研究はないですが、筆者（楠田）は、スイスのモビリティサービスはレベル4に相当するのではないかと考えています（**表4-4-1**）。

表4-4-1 5段階のMaaSレベル

MaaSレベル	統合レベル	統合内容
レベル0	統合なし	（統合なし）
レベル1	情報の統合	異なる交通サービスの情報が統合
レベル2	予約・決済の統合	チケットレス・キャッシュレスによるシームレスな移動の向上、移動の安心向上
レベル3	提供するサービスの統合	定額制パッケージによる移動の価値観、コスト意識の変革
レベル4	社会全体目標の統合	スマートシティの実現、都市全体の目的との整合、QOLの向上

　まず、MaaSレベル1の情報統合についてみると、15年以上前からスイス連邦鉄道（SBB）の乗換検索ウェブサイト「SBB Fahrplan」で、鉄道、バス、トラム、フェリーなど、公共交通の乗換検索が一元的に行えました。

　レベル2の予約・決済の統合ですが、すでにウェブサイトやスマートフォンアプリで、切符の予約や決済が可能です。SBBなどは、切符の販売する方法（販売チャネル）のデジタル化を進めています。券売機、窓口、ウェブサイトで販売していましたが、2016年の改良でMaaSアプリと呼べる内容に進化したスマートフォンアプリ「SBB Mobile」の割合を増やしていく予定です。

　また、GPSやスマートフォンのセンサーを活用して、切符を公共交通を

利用する前ではなく、移動後に算出するFAIRTIGの「EasyRide」という発券機能を導入するなど、新しい運賃の支払い方法にも取り組んでいます。

■ 定額制パッケージが昔からあった

レベル3の定額制パッケージについてですが、もともとスイス全土やエリア内の公共交通が乗り放題になる定額制パッケージの切符の販売が以前より行われています。1年間スイス全国の公共交通が乗り放題となる年間パス「General Abonnement」(略して、GA)は、カードによる発行で、写真、名前などが記載されています。

スイスは日本のような改札がありません。乗車した後に、回ってくる乗務員にGAを見せて、チェックを受けます。改札がなく、定額制になっているので、運賃や時刻、経路などを心配することなく、公共交通に飛び乗ることができます。GAは、自動車の運転免許証のような感覚で、公共交通の免許証といった感覚かもしれません。

■ 映画館やスキー場の予約も可能

さらにGAは進化してゆきます。GAは2015年8月15日から「Swiss Pass」へ名称やデザインが変わり、ID番号も入りました。公共交通はもちろん、自転車シェア、カーシェアリング「Swiss Mobility」などの次世代モビリティサービスに加えて、シェアリングサービス、スキー場のリフトパス、映画館などのチケットの予約や購入などができるほど、サービスが拡張されました（**図4-4-1**）。

図4-4-1 複合的なサービスを搭載する「SwissPass」

カードを見せるだけで1年間スイス全国の公共交通が乗り放題になる「Jahreskarte」(年間パス)
などがある

出典：ZVV「SwissPass」
　　　 (https://www.z-pass.ch/zpass/de/abos-und-billette/abos/swisspass.html) より引用

■ 合理的かつユーザーファーストのサービス設計

　最後に、MaaSレベル4の都市全体の目的との整合性やQOLの向上についてです。

　スイスはドイツなどと異なり、日本と同様に険しい山脈があります。そして鉄道密度は日本よりも高く、人口は約800万人（首都ベルンの人口は約14万人）、面積は九州ほどです。限られた土地を有効活用しなければなりませんし、街と街をつなぐためにもトンネル整備も多く制約も増えます。そこでスイスがとった手法は、**ユーザーファーストと運営側の課題を融合**させて「合理的」に設計することでした。

　スイスでは法律で公共交通の運行事業者に「協働」を求めています。例えばスイス国内の利用者は、各々の運行事業者の顧客ではなく皆の顧客だという考え方をしています。

　A地点からB地点へ移動する利用者に対して、運行会社が変わったとしても利用者に不便をかけないように、あるいは利用者が複数の移動手段を使って移動するときも1つのチケットで移動できるように、どの移動モードを使っても同額運賃になるように考えられています。

スイス全土の共通データプラットフォーム

　このようにユーザーファーストかつ運用側の課題を融合させて合理的に設

102

計された仕組みや体制を基に作られたのが、スイスの公共交通の全運行事業
者が加盟する運賃同盟です。そしてその運賃同盟が作ったのが、プラットフ
ォーム「NOVA」です。

NOVAでは、**スイス全国の鉄道、トラム、バス、フェリーなどの公共交
通のデータが一元化**されており、その構築はSBBが担っています。このプ
ラットフォーム「NOVA」がSBBの乗換検索サイト「SBB Fahrplan」やスマ
ホアプリ「SBB Mobile」、その他の交通事業者の乗換検索サイトやアプリと
連携しています。そのためスイスの公共交通のネットワークは、全国どこに
行ってもシームレスにつながっています（**図4-4-2**）。

図4-4-2 NOVAプラットフォームの仕組み

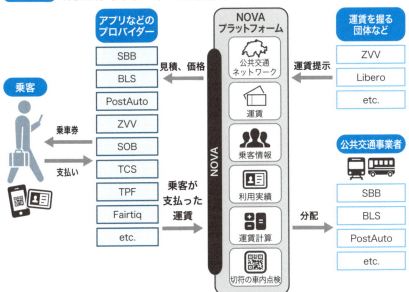

スイス全土の公共交通のウェブサイトやアプリなどの情報源は共通している
出典：SBB提供資料を元に作図

これまで見てきたように、スイスは国の課題との整合をはかり、合理的か
つユーザーファーストにモビリティを設計しているため、MaaSレベル4に
相当するのではないかと考えられるのです。

日本でMaaSを考える際にも言えることは、単にデジタル化をするだけで

は真のシームレスにはならないということです。スイスのようにユーザーファーストかつ運用側の課題を融合させて合理的にハードとソフトの仕組みと体制を全体設計したうえで、デジタル化を進めなければ、どこかで歪みが起きてしまうでしょう。

　スイスのような取り組みは、オーストリアなども行っています。

MaaSのルーツとも言われるサービス
ライドシェアのパイオニア
米国 Uberが目指す交通統合

■ 拡大続くライドシェア市場

世界初のMaaSアプリであるWhimに関する資料を調べると、影響を受けたサービスとして米国 Uber の名前を見ることができます。

2009年カリフォルニア州サンフランシスコで創業したUberは、翌年スマートフォンアプリを使った配車サービスを開始。**ライドシェア**を生み出しました（図4-5-1）。今では**世界600都市以上で展開し、2018年には配車累計100億回を突破**しています。

図4-5-1 ライドシェアの仕組み

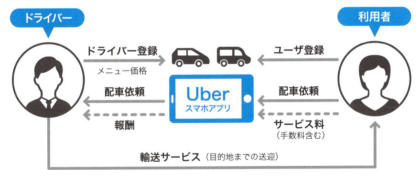

出典：総務省「社会課題解決のための新たなICTサービス・技術への人々の意識に関する調査研究」
（https://sharing-economy-lab.jp/share-ride-law-trouble）を元に作図

ライドシェアは**マイカーに別の人間が同乗して移動を共有する仕組み**で、移動の形態としてはタクシーに似ています。しかし、専門資格（第二種運転免許）を持つドライバーや専用車両は使わず、**一般のドライバーが運転するマイカーと移動者を結び付けるアプリを提供**します。

その後、世界各地にライドシェア企業が誕生しました。現在は**Uberと中国DiDi（滴滴出行）、シンガポールGrab、インドOlaの4社が世界のライドシェア乗車回数の約9割を占め、取扱高は10兆円規模に達している**そうです。

　上記の数字は、ソフトバンクグループ代表の孫正義氏が2018年秋に公表したものです。ソフトバンクはこの4社の筆頭株主でもあります。成長が見込まれる分野をいち早く見抜き、多額の投資を行うという判断が、現在のビジネスシーンで重要だと教えられます。

なぜ普及が加速したのか

　ライドシェアがここまで根づいた理由として、米国をはじめ**多くの国でタクシーより安価で安心な移動が手に入る**ことがあります。海外のタクシーは日本と比べて質が低く、筆者（森口）が訪れたネバダ州ラスベガスも、フリーウェイ（高速道路）を使って遠回りし高額な料金を請求されたという体験談を、何度も耳にしました。Uberを使ったところ、満足のゆく使用感だったので、以降多用するようになりました。

　利用方法が簡単だったことも普及に弾みをつけました。事前準備はアプリをダウンロードし、クレジットカードなどの個人情報登録を行うだけ。アプリを開くと現在地が特定されるので、行き先の名称や住所を入力すると、アプリに運賃と共にドライバーの名前、車種、ナンバープレートの文字が表示され、それを頼りに車両を見つけて乗るという手順です。

　しかもアプリで目的地を指定しているので、乗ったときに行き先を告げなくてもよく、運賃はおおむねタクシーより安価であるうえに、事前登録したクレジットカードから引き落とされるので、支払い行為がありません。これらは外国で利用する際に助かります（**図4-5-2**）。

■ライドシェアとMaaSの関係

　本書を読んできた方なら、事前登録から目的地設定、運賃決済までの流れがMaaSに近いと思うでしょう。その通りで、ライドシェアそのものはMaaSを構成する交通のひとつにすぎませんが、**ライドシェアで生まれた考**

図4-5-2 **Uberの利用方法は簡単**

あらかじめ行き先もルートも、おおよその料金も提示されているので、安心して利用ができる

え方がMaaSに継承されていることは確かです。

　米国でUberを利用すると、相乗り型、高級型、大型などいくつかのメニューが運賃と共に表示されます。相乗り型の「Uber Pool」は2014年に導入されたサービスで、単独利用より運賃が割安になることから、2018年時点での利用比率は20％に上ります。2018年からはバスのように特定の乗り場を設定し、複数の移動を集約化することで、さらに割安な運賃での移動を実現した「Uber Express Pool」も登場しています。

　Uberは以前から、「マイカーは95％の時間を駐車場に置かれたままで過ごす非効率的な乗り物」と指摘しています。実はMaaS Globalも同じ数字を掲げています。それなら**マイカーを公共交通に転換しようと呼びかけたのがMaaS Global**、**マイカーの有効活用によって渋滞や駐車場不足の解消を目指したのがUber**なのです。

Uberのサービス拡充

　さらに2018年には、ステーションやポートを持たない「ドックレス方式」の**電動アシスト自転車や電動キックボード**（現地ではe-scooter、電動スクーターと呼ぶ）のシェアリングを展開する企業JUMPと提携し、その後買

第
4
章

図4-5-3 Uber Airのコンセプトモデル

機体には電動の垂直離着陸機
(eVTOL) が予定されている

出典：Uber Newsroom (https://www.uber.com/newsroom/news/) より引用

収。Uberのアプリで予約が可能になりました。2019年時点で米国18都市で電動アシスト自転車、10都市で電動キックボードを提供しています。

同年には**車いす**利用者の移動にも対応しました。「MV Transportation」との提携により、米国とカナダの都市で展開する数百台の車いす対応車両がUberアプリで利用可能になったのです。

一方インドやクロアチアでは、**水上タクシー**の「Uber Boat」も使えます。インドやバングラデシュでは、モーターサイクルやスクーターの配車サービスを用意しています。いずれも利用方法はライドシェアと同じです。またUberは2017年には**物流分野**にも進出。運送会社とドライバー、発送元を直接つなぐ「Uber Freight」を開始しています。

今後、Uberは**空飛ぶタクシー**にも「Uber Air」の名前で進出を予定しています（**図4-5-3**）。垂直離着陸可能な電動小型飛行機を用いて短距離移動を提供するもので、機体メーカーなどと研究を進めており、2020年に実証飛行を行い、2023年に営業飛行を予定しています。こちらもライドシェアと同じアプリで予約することになっています。

つまりUberは、**複数の交通をシームレスにつなぎ合わせるという、MaaSの概念に沿った世界を目指している**のです。現実にコロラド州デンバーでは2019年から、デンバー地域交通局（RTD）が運営する公共交通をUberのアプリで検索・決済できるようになっています（**図4-5-4**）。

図4-5-4 公共交通にも対応したUberアプリ

See transportation options

Find the best transit route

Get transit directions

デンバーでUberアプリを使うと公共交通も経路で提示される
出典：Uber Newsroom（https://www.uber.com/newsroom/news/）より引用

■Uber以外のスタートアップも続々

　スマートフォン発祥の国だけあり、米国ではこれ以外にもMaaSにつながるアプリの開発が進みました。多くはスタートアップ企業によるもので、自治体や交通事業者との協業により導入しているパターンが多くなっています。

　米国の中でも公共交通を活用したまちづくりで成果を挙げ、「全米でもっとも住みやすい街」とまで言われるオレゴン州ポートランドでは、2010年に同市で設立した「Globe Sherpa（グローブ　シェルパ）」が開発を担当した経路検索アプリ「Trip Planner」が、2013年に提供されています。カリフォルニア州ロサンゼルスが2015年に導入した「LA Mobile」も同社が手掛けました。

　その他、2011年にはテキサス州オースチンで「Ride Scout（ライド　スカウト）」、翌年にカナダのモントリオールで「Transit（トランジット）」などのスタートアップが生まれています。このうちGlobe SherpaとRide Scoutは2016年、Section5-5で後述する独moovel（ムーベル）に吸収され、「moovel North America（ムーベル　ノース　アメリカ）」を結成しています。これに伴いポートランドではアプリの刷新が進みました。

第
4
章

台湾は日本の事例として役立つ

■台湾は日本のお手本？

　台湾は日本が統治していた時代があるため、日本人が作った建物やインフラなどの基盤が残り、公共交通、道路などにおいても類似点が多いです。欧米の公共交通の環境は、国内の公共交通の環境と異なるため、参考になりにくいとも言われます。しかし、日本と公共交通の類似性の多い台湾は、日本にとって良い事例として考えられるでしょう。

■台湾政府がMaaSの市場を先導する

　台湾政府はMaaSの検討を2017年から始めました。日本でMaaSの検討が始まった前年です。中心となって動き始めたのが、台湾交通通信省で、MaaSに取り組むことで、さまざまな公共交通にとってメリットがあると考えたからです。例えばQRコードなどの決済システムの導入が進んだり、公共交通にやさしいライフスタイルへ転換できるなどです。このようなメリットがあるため、MaaSが初期ではビジネスとして成り立たないとしても、投資するだけの価値があると分析しています。

　台湾交通通信省の担当者は「フィンランドが提唱したMaaSは世界的に注目されている。しかし、まだ明確なビジネスモデルができていない。台湾でビジネスモデルを確立させたい」と意気込んでいます。

　台湾交通通信省はMaaSを「**交通政策を盛り込んだ、利用者を中心とした統合サービス**」だと理解しています。目指していることは、公共交通サービスの統合、MaaS産業のマーケットの創造、交通事業者のデジタル化の促進、APIの標準化、デジタル決済の活用などです。

この考え方のもと、台湾では２種類のMaaSプロジェクトが進んでいます。北部の台北周辺と、南部の高雄市です。

■ マイカー移動を含む台北周辺のMaaS「UMAJI」

　北部の台北周辺（台北市、新北市（ニュー台北）、宜蘭）で行われているMaaSは、台湾交通通信省が推進している、約３年間のプロジェクトです。名前は「UMAJI（遊・買・集）」で、このMaaSアプリを台湾交通通信省と台湾通信大手の中華電信が、共同で開発と運営を行っています（**図4-6-1**）。

　台北周辺の問題は、週末のショッピングに向かうマイカーによる交通渋滞です。この交通渋滞を緩和する目的で、UMAJIは作られました。UMAJIユーザーに対して、出発時間の変更を促したり、出発時間を変更してくれたユーザーには参画する企業からコーヒーチケットをインセンティブに発券してもらうなどの工夫をしています。

　このように**UMAJIのユニークな点は、マイカー移動をMaaSに組み込んでいる**ことです。MaaSは本来、公共交通と次世代モビリティサービスを組み合わせたものです。したがって、一般的には、マイカー移動を組み合わせていません。しかし、台湾も日本も、欧州ほど環境意識は高くなく、マイカー移動を重視するため、**あえてマイカー移動を積極的にMaaSに組み込んで、地域全体の移動を最適化**しようと考えました。

　もちろん、他のMaaSアプリ同様に、UMAJIアプリにはマイカー移動のみならず、公共交通の予約・決済・発券のほか、７つの機能があります。

❶ 経路検索
❷ スケジューラ
❸ リアルタイム情報に基づいた移動状況の評価
❹ 飲食店、宿泊先、旅行、買い物などの決済
❺ 移動を変更してもらうためのインセンティブ
❻ ユーザーの行動の機会学習
❼ 交通ネットワークの最適化

図4-6-1 台北のMaaSアプリ「UMAJI（遊・買・集）」

（著者撮影）

■クルマ中心から人間中心のまちづくりへ

　南部の高雄市で推進されているMaaSアプリの名前は「Men-GO」で、台
湾交通通信省のシンクタンクなどとして機能する交通研究所が責任者とし
て、2年間のプロジェクトで進めています。台湾中央政府はこの高雄市の
MaaSに、2年間で8,000台湾ドルの補助金を出しました。

　高雄市はMen-GOを高雄市の住民の通勤用に開発し、定額制で公共交通
が乗り放題になるサービスにしました。そのため高雄市はこのMaaSを「通
勤用MaaS」とも呼んでいます。

　料金プランは4つあります（**表4-6-1**）。

　注目すべきは❶「定額プラン」で、地下鉄、LRT、バス、自転車シェア、
タクシーが乗り放題になります。

表4-6-1 高雄市が進めるMaaS「Men-GO」の料金プラン

プラン名	大人料金	学生料金
❶定額プラン	1,499 台湾ドル	1,299 台湾ドル
❷バス定額プラン	479 台湾ドル	399 台湾ドル
❸長距離のバス利用者向け定額プラン	1,499 台湾ドル	1,299 台湾ドル
❹フェリー定額プラン	1,800 台湾ドル	1,600 台湾ドル

日本と台湾では、通勤手当の文化が異なります。日本では、会社に雇用されると、会社から通勤手当が出る文化があります。しかし、他国では会社からの通勤手当が出ない国のほうが多いのです。そのため、Men-GOは高雄市で重宝がられるわけです。

　また、高雄市は昔から大気汚染や若者のバイクの事故の問題を抱えています。大気汚染は健康に害を及ぼすほどで、交通事故では例えば2011年には251人が亡くなり、そのうち80％以上がバイクによる事故という深刻さでした。その解決のため、約20年前にクルマ中心の考え方からヒト中心のまちづくりへと政策転換しました。

　今では市の中心部には美しい架線レスのLRTが走り（**図4-6-2**）、デザイン性の高い停留場がたくさんあります。また、自転車シェアも鉄道やバス利用を促進するサービスとしての理解があり、公共交通として位置づけられています。このように高雄市は、住民の移動やライフスタイルを、自動車やバイクから公共交通へ転換を促すために、MaaSを導入しています。

図4-6-2　高雄市を走る架線レスのLRT

（著者撮影）

インターナショナル プラットフォームへの布石

■ 自社開発か他社システムの活用か

　日本と海外のモビリティサービスを比較すると、我が国のそれは国内事情に特化した内容となっているものが目立ちます。モビリティサービスに限った話ではありませんが、島国で単一言語、人口1億人以上という環境に加え、前の章で書いたように（➡P.39）交通事業者の多くが民間企業であるという特殊性が、そうさせていると考えています。

　欧州は多くの国が陸続きで、昔から人や物の交流が盛んだったうえに、国土が狭く、人口が少ない国も多かったために、昔から海外展開を前提にビジネスを進めてきました。モビリティサービスも例外ではなく、フィンランドのWhimは本書執筆現在（2020年3月）で英国、ベルギー、オーストリアで正式運用されており、日本とシンガポールでは導入準備を始めています。

　提供するサービスの内容は国によって異なりますが、プラットフォームは同一であり、最初から世界で通用するプラットフォームを構築したことで、他の都市や国での展開を容易にしていることが理解できます。

MaaSのシステム提供に積極的なREACH NOW

　自社ブランドを冠さず、**プラットフォームのみを提供しているMaaSオペレーター**もあります。近年のビジネスシーンでよく見られる手法であり、自社では開発せず、他社から技術提供を受けて自社ブランド名をつけて行うビジネスを、MaaSでも用いています。

　Section5-5（➡P.139）で詳しく解説する「REACH NOW」はシステム提供に積極的なオペレーターのひとつで、我が国ではJR東日本と東急が伊豆半島で実証実験を展開した観光型MaaS「Izuko」（➡P.193）が、第1期で

REACH NOW（当時はmoovel）のシステムを活用していました。

■ 我が国の事業者の海外対応

　日本の事業者の中にも、いち早く海外展開を始めた事業者はあります。高速バスの運行で有名な「WILLER」は、第7章（Section7-5、7-6）で後述するように、観光型MaaS（詳細は➡P.190）の導入を国内で始めましたが、同社は日本のみならず、アジア全般を視野に入れています。**ベトナムでは都市間バスと都市内のタクシーをひとつのアプリでシームレスにつなげるサービスを開始。シンガポールではアプリを活用したオンデマンド型自動運転の運行サービスの実現に向けて、現地事業者と共同事業**を進めています。

　またタクシー業界では、Uberや中国DiDiの配車アプリを導入した事業者も増え、日本でいち早く配車アプリを提供した「JapanTaxi」は、韓国や台湾に加え、東南アジア最大手のシンガポールの配車サービス「Grab」との提携を実現し、**海外製のアプリでJapanTaxi登録車両を利用**することができます。

■ 他社システムにも活用可能なフォーマットに合わせる

　バス会社の中には、自社ウェブサイトの中にバスの乗り換え検索の機能を入れているところがあります。しかし、自社のバスしか検索できないうえに、このバス乗り換え検索の機能があることすら地域住民に知られていません。さらにこの開発・運用費用は莫大で、負担になっている場合もあります。

　そこで国土交通省では2019年、バス情報拡充のため、バス事業者と経路検索事業者との間でデータの受け渡しをするための「標準的なバス情報フォーマット」を定め、データの作成・利用についての解説書を作成しました。

　標準的なバス情報フォーマットは、**静的情報の「GTFS-JP」**と**動的情報の「GTFSリアルタイム」**の2種類があります（表4-7-1）。

表4-7-1　国際標準のバス情報フォーマット

区分	フォーマット名	対象とする情報
静的データ	GTFS-JP	停留所、路線、便、時刻表、運賃 等
動的データ	GTFSリアルタイム（略称：GTFS-RT）	遅延、到着予測、車両位置、運行情報等

静的情報は経路検索に必要な時刻表や運行経路など、動的情報は遅延情報や位置情報などリアルタイムで変動するものを対象としています。静的・動的どちらのフォーマットも国際的に広く利用されている「GTFS」（General Transit Feed Specification）を基本にしているため、Googleマップなどへの表示も可能となったので、海外からの検索も可能になります（**表4-7-2**）。

　すでに北海道の網走バスや岐阜県の北恵那交通など、多くの交通事業者がこのフォーマットを用いてデータの公開を行っています。

表4-7-2 **バス情報データ掲載済み経路検索事業者の一例**

経路事業者	公開データのurl
ヴァル研究所	https://ekiworld.net/service/spec/info.html
駅探	https://bus.ekitan.com/rosen/index.shtml
ジョルダン	https://www.jorudan.co.jp/bus/rosen/
Google	https://maps.google.com/landing/transit/cities/
ナビタイムジャパン	https://www.navitime.co.jp/serviceinfo/buscompanylist/

出典：国土交通省「標準的なバス情報フォーマット」データ整備の手引き」
　　　（http://www.mlit.go.jp/common/001283240.pdf）

第**5**章

MaaSと自動車メーカー

自動車業界でもMaaSへの参入を考えるところがあります。公共交通の利便性向上のために生まれたMaaSを、なぜ自動車業界は注目しているのでしょうか。

トヨタが危機感を抱いている理由
100年に一度の大変革

■カーメーカーからモビリティカンパニーへ

　トヨタ自動車の豊田章男社長が2018年、**自動車業界は「100年に一度の大変革の時代」**に入っていると語り、**トヨタを「自動車を作る会社」から「モビリティカンパニー」にモデルチェンジする**と表明して話題になりました。この言葉が発せられた場は、毎年1月に米国ネバダ州ラスベガスで開催される家電見本市（CES）でした。

　同時に、「e-Palette Concept」と呼ばれる箱型の移動・物流兼用無人運転シャトルの構想を発表し、こちらも注目を集めました（**図5-1-1**）。

　19世紀末に発明された自動車は、20世紀初めの1908年に米フォードが大量生産による低価格の自動車「T型」を発表し、それまでは富裕層の趣味のアイテムでしかなかった自動車を、多くの人々が所有できる実用品に変えました（**図5-1-2**）。

図5-1-1　トヨタのe-Palette Conceptでは人も貨物も無人自動運転で運ぶ

出典：トヨタ自動車ニュースルーム（https://global.toyota/jp/newsroom/）より引用

その後、第一次世界大戦後には欧州でも仏シトロエンや英オースチンなどが、フォードT型に範を取った大量生産・低価格の自動車を発売し、大衆化が進みます。そして日本でも第二次世界大戦後の高度経済成長時代に合わせて普及が始まり、3Cの時代（カー／クーラー／カラーテレビ）とまで言われました。

　この流れの中でトヨタをはじめとする我が国の自動車メーカーも力をつけ、米国に続く世界第2位の自動車生産国になりました。現在は中国が首位となっていますが、それでも日本は3番目です。

　一般社団法人日本自動車工業会によれば、自動車関連産業の就業人口は546万人と、我が国の全就業人口6,664万人の8.2％を占めます。また2017年の主要製造業の製造品出荷額で見ると、全製造業の合計319兆1,667億円に対し、自動車は60兆6,999億円で19.0％に達しています。我が国を代表する産業のひとつであることがわかります。

　豊田社長の「100年に一度の大変革の時代」とは、自動車業界におけるこの状況が大きく変化することを示唆しています。

図5-1-2　フォードT型

（著者撮影）

■ 21世紀と共に訪れた激動

　自動車の普及が急速に進んだことで、1960年代あたりから、大気汚染や交通事故などが問題になり始めます。これに対して自動車メーカーは、**排出ガス対策**や**衝突安全対策**などを施してきました。

　20世紀末になると、大気汚染に加えて地球温暖化という新たな課題が出るようになり、自動車から排出される二酸化炭素がその原因のひとつとされるようになります。

　これに対して欧州の自動車メーカーは、燃焼効率に優れるディーゼルエンジンが温暖化防止に有効という立場を取りました。しかし、独フォルクスワーゲンによる、排出ガス試験時だけ意図的に有害物質の排出を抑えるソフトウェアを搭載するという違法行為が明らかになったことで、ディーゼルは急速に主役の座から退きました。そして、日本が先行してきたハイブリッド車や電気自動車などの、いわゆる**電動車両が環境対策の主役**になります。

　20世紀末に急速に自動車が普及し、自動車産業も発展した中国はこの流れにいち早く反応し、電気自動車を次世代自動車の核と位置づけるようになりました。また英仏両国をはじめ**複数の国が将来、エンジンのみで走行する自動車の販売を禁止すると宣言**したことも、この流れを加速させました。その流れと歩調を合わせるように、米テスラをはじめとする新規参入企業も目立つようになりました（**図5-1-3**）。

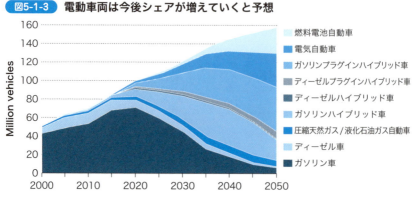

図5-1-3 電動車両は今後シェアが増えていくと予想

（凡例）
- 燃料電池自動車
- 電気自動車
- ガソリンプラグインハイブリッド車
- ディーゼルプラグインハイブリッド車
- ディーゼルハイブリッド車
- ガソリンハイブリッド車
- 圧縮天然ガス／液化石油ガス自動車
- ディーゼル車
- ガソリン車

（縦軸）Million vehicles　160 140 120 100 80 60 40 20 0
（横軸）2000 2010 2020 2030 2040 2050

出典：「Energy Technology Perspectives 2015」を元に作図

自動運転やシェアリングも、自動車の普及により生じた課題解決のために考え出されました。**自動運転は交通事故を減らすために**研究開発が始まり、1980年代にスイスで始まった**カーシェアリングは、都市内の自動車台数削減**に効果があるということで、21世紀になって普及が進みました。

　加えて2009年には第4章で紹介したUberが登場します（➡P.105）。2009年といえば前述したように、Googleが自動運転車の研究開発を始めた年です（➡P.79）。フォルクスワーゲンの事件が契機になって欧州メーカーが電動化を推進し、中国の電気自動車の勢いが目立つようになり、一部の国でエンジン車禁止の宣言が出されたのは、**すべてこの10年間の出来事**です。

■ 自動運転ライドシェアという脅威

　なかでもカーシェアリングやライドシェアは、自動車台数を減らして都市環境を改善させる効果があります。MaaS GlobalとUberは共に、**マイカーは95％の時間は駐車場に置かれたまま過ごしており、無駄が大きいことを指摘**しています。ここで**公共交通への転換を呼びかけたのがMaaS Global**であり、**マイカーの有効活用を提案したのがUber**なのです。

　さらにライドシェアに自動運転を組み合わせれば、空いている車両を迅速に他の移動に振り向けることが可能になります。Uberでは2つを組み合わせることで最大97％の車両削減ができると言っています。実際はそこまでの削減は進まないと思われますが、**高度なセンサーやAIを搭載する自動運転車は高価であり、ライドシェアとの組み合わせが普及を促し車両削減に貢献する**のは十分に予想できることです（**図5-1-4**）。

　米国アリゾナ州で有人でありながらサービスを開始したWaymoに続き、Uberもこの方式での自動運転市場化を目指しており、米国の自動車メーカーGM（ゼネラルモーターズ）の自動運転部門クルーズも、ライドシェアへの提供を基本と考えています。日本のメーカーではトヨタがUber、日産自動車はWaymoと手を結んでいます（**図5-1-5**）。

図5-1-4 ライドシェアと自動運転は社会問題解決に有効

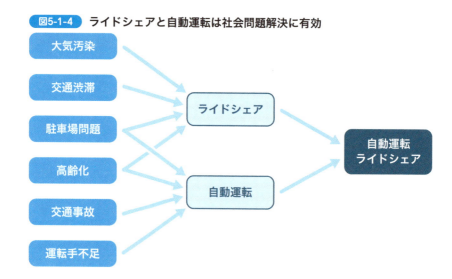

図5-1-5 Waymo自動運転車

出典：Waymoプレスリリース (https://waymo.com/press/) より引用

つまり自動運転ライドシェアの分野は少数派ではなく、メインストリームになりそうな勢いを秘めています。このビジネススタイルが軌道に乗れば、既存の自動車メーカーはこれまでのような、自動車を作って売るというビジネススタイルだけではやっていけないことが明白になります。

　これが100年に一度の大変革という言葉が意味するところだと理解しています。そして第3章で解説したように（➡P.83）、MaaSもそこに深く関わっていくことが予想されています。

今後の展開で重要なのはMaaS的発想
CASEとMaaSの関係を探る

■ テクノロジーかサービスか

　MaaSが日本で取り上げられるようになった時期と歩調を合わせるように、似たような語感の言葉が、自動車業界で良く使われるようになりました。「**CASE**」です。Connected（コネクテッド：情報通信による接続）、Autonomous（オートノマス：自動運転）、Shared & Services（シェア&サービス）、Electric（エレクトリック：電動化）の頭文字を取ったものです。

　MaaSとCASEとでは似ている点と違っている点があります。なので同列に扱うものではないと考えています（**表5-2-1**）。

表5-2-1　CASEとMaaSの違い

	CASE	MaaS	備考
コネクテッド	○	○	利用者のためか、事業者のためかという視点が異なる
自動運転	○	?	利用者にとって自動運転であるか否かは無関係
シェアリング	○	△	MaaSにおいても既存交通を補完するシェアリングは重要
電動化	○	?	利用者にとって電動車両であるか否かは無関係
公共交通	×	○	CASEは自動車業界用語であり公共交通は想定外
シームレス	?	○	自動車主体のCASEにシームレスという発想そのものがない
事前決済	△	○	CASEの事前決済はシェアリングなど特定分野限定
サブスクリプション	△	○	CASEのサブスクリプションはシェアリングなど特定分野限定

　初めに相違点から説明すると、CASEはドイツの自動車メーカー、ダイムラーが使いはじめた言葉で、次世代自動車産業で重要とされる4つのテクノロジー（技術）をまとめたものであり、**自動車業界が今後どの分野に注力してビジネスすべきかを示した、技術視点、事業者視点の指標**です（**図5-2-1**）。しかもモビリティ全体ではなく、あくまで自動車に限った話です。

図5-2-1 ダイムラーCASEプレゼンテーション

出典：Daimler Global Media Site (https://media.daimler.com/marsMediaSite/) より引用

　さらにCASEを構成する個々の技術のうち、コネクテッド、シェア＆サービス、電動化は、いずれも20世紀末から一般的になっており、残る自動運転のベースになる運転支援システムも実用化されているので、目新しいものではありません。次世代自動車に必要な要素を整理し、CASEというわかりやすい単語に凝縮した指標の構築を評価すべきでしょう。

　一方の**MaaS**（Mobility as a Service）は、**人々の移動をより便利で快適に、環境に負荷を掛けずに行えるか**という考えが根底にあり、ICT（Information and Communication Technology：情報通信技術）を活用して公共交通などの利便性をさらに高めようとしました。サービスとあるように**利用者視点、社会視点の概念で、公共交通をはじめモビリティ全体を対象**としています。

　ひとつのスマートフォンアプリで多様な交通を一括して経路検索できるだけでなく、運賃決済もオンライン上で可能とし、定額制メニューまで用意することで移動の利便性・快適性を高めたという内容は画期的であり、しかもそれを「モビリティ・アズ・ア・サービス」というスケールの大きな言葉で表現したところに、視野の広さを感じます。

第
5
章

■ 垂直統合型と水平分業型

　さらに第1章で書いたように、MaaSはMaaS Globalという民間企業が単独で生み出した概念ではなく、Sampo Hietanen氏のアイデアを元に、フィンランドが都市問題を見据え、10年という歳月を掛けて各方面と協調しながら育て上げてきました。いわば、国家プロジェクトと言えるでしょう。

　CASEがコネクテッドや自動運転、シェアリング、電動化それぞれの実用化を目的としているのに対し、**MaaSはモビリティサービスの中でこれらの技術を手段として活用する**という違いもあります。

　一方で似ている点を挙げると、まず**コネクテッド技術の活用**が挙げられます。CASEでは、緊急通報システム「eCall」、車両診断、危険予知、保険査定、物流管理、周辺情報紹介など、自動車の所有者や運転者に関する内容のほか、**カーシェアリングやライドシェア、レンタカーといった、利用者としての内容も含まれます。このうち利用者サイドのコネクテッド技術は、MaaSの一部**にもなります。

　ただし自動車メーカーが考えるコネクテッドサービスは、個々の車両の情報をメーカーのビッグデータとして保有し、システムもメーカーが構築し、テレマティクスなどの車載機器によって情報の収受を行うもので、ここでも自動車視点、事業者視点であることがわかります（図5-2-2）。

　MaaSオペレーターも事業者ですが、情報にアクセスする端末は個々の利用者が所有するスマートフォンになります。さらにオペレーター自身がすべてのシステムを保有するのではなく、個々の移動事業者のフォーマットをAPI接続することで稼働することも特徴です。

　自動車産業は典型的な「垂直統合型」と言われてきました。自動車メーカーが考えるコネクテッド構想にもその雰囲気を感じます。一方の**MaaSはICT業界で一般的な「水平分業型」**であることがおわかりでしょう。新規参入は水平分業型のほうが容易に思えます（図5-2-3）。

図5-2-2　トヨタのコネクテッドサービス

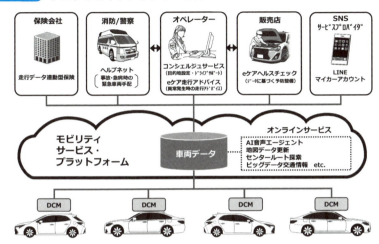

出典：トヨタ自動車ニュースルーム（https://global.toyota/jp/newsroom/）より引用
　　　※「DCM」は専用通信機（Data Communication Module）の意味

図5-2-3　垂直統合型と水平分業型

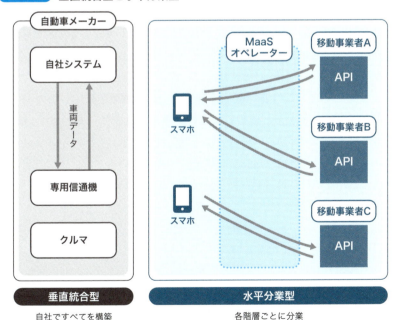

■21世紀は社会と技術の調和が求められる

　シェアリングも両者に共通する項目となっています。しかしMaaSにおける自動車はバスやタクシー、シェアリングとして活用されるのに対し、CASEではマイカーとしての利用も想定しています。

　トヨタの豊田章男社長が自身の会社を「自動車を作る会社」から「モビリティカンパニー」にモデルチェンジすると表明したことは前述しましたが（➡P.118）、いきなり転換すると販売部門などの混乱を招くので、徐々に転換していくことが予想されます。ダイムラーについても同じで、当面はメルセデス・ベンツの販売は続けるでしょう。

　またライドシェアやカーシェアリングはICTによる**コネクテッド技術が不可欠**であり、マイカーよりも早期に**自動運転化**が進むことも予想されます。自動運転においてMaaSが重要になることは前に書いたとおりです（➡P.83）。さらに待機時に充電を行え、移動距離が少なくなるシェアリングのほうが、**電気自動車に向いている**とも言えます。

　CASEでは4つの要素を分けていますが、実は互いにリンクしており、サービスの中で適宜組み合わせながら手段として導入していくMaaSの考え方のほうが、利用者に近いと感じます。

　一世紀前に登場したフォードT型は、技術が社会を変えた典型と言えます。しかしその結果、**大気汚染や交通事故などの問題が発生した**のも事実であり、**21世紀は社会と調和した技術が求められます**。その点でいけばMaaSのような技術の使い方のほうが今風と言えます。これからコネクテッドやシェアリング分野でMaaSとの関わりを考えている方は、技術の進化だけでなく、社会との調和を考えて歩んでほしいと思います。

Section 5-3

MaaSにつながる実証実験も経験 20年の歴史を持つトヨタのモビリティサービス

■ CrayonとHa:mo

2018年に豊田章男社長自ら「自動車を作る会社からモビリティサービスカンパニーになる」と宣言したトヨタ自動車ですが、それ以前から「Ha:mo（ハーモ）」という名称のモビリティサービスを展開しています。ルーツをたどると、同社が昔からこの種の取り組みを進めてきたことがわかります。

トヨタは1997年、「e-com（イーコム）」という名前の2人乗り超小型電気自動車を発表します。後述の独ダイムラーが発表した超小型の2人乗り乗用車「スマート」に影響を受けたものといえ（➡P.139）、トヨタのほか日産自動車、本田技研工業も同様の乗用車を開発しました。日本の3台はすべて電気自動車で、日産以外は市販を行わずシェアリングでの展開を前提としていました。

このe-comを使ってトヨタは、1999年から2006年にかけて、カーシェアリング方式の実証実験「Crayon（クレヨン）」を、お膝元である愛知県豊田市で実施しました（図5-3-1）。

図5-3-1 Crayonのコンセプトイメージ

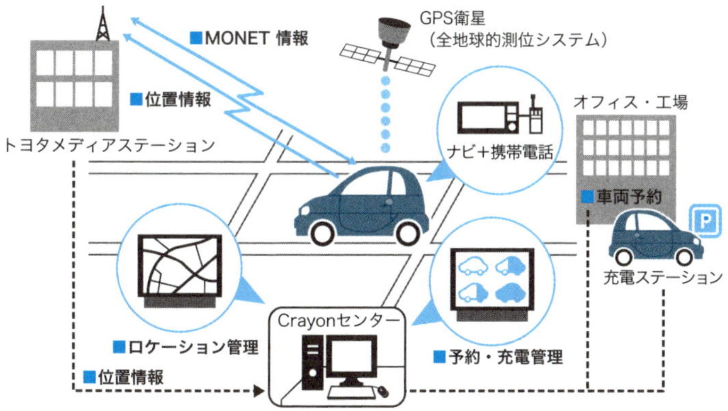

出典：トヨタ自動車ニュースルーム（https://global.toyota/jp/newsroom/）を元に作図

第5章

自宅や仕事場のパソコンあるいは専用駐車場に設置した予約・充電管理の端末機に、会員が保有する専用ICカードでアクセスし利用するという内容でした。ここで渋滞情報伝達などでおなじみのVICS（道路交通情報通信システム）と共に、位置情報や走行情報管理のために使われたのが、独自に構築した情報通信ネットワーク「MONET（モネ）」でした。

　次節で紹介する、トヨタとソフトバンクが2018年の共同設立を発表したモビリティサービスと同じ名前です。MONETはあの場で初めて起用された言葉ではなく、ルーツがあったのです。

　Crayonは料金決済みのシミュレーションも行うなど、時代を考えればかなり先進的な取り組みであり、最大時にはe-com約70台、登録会員数約950名を擁していたということで、壮大な実験であったことが窺えます。

　この経験を活かしてトヨタは同じ豊田市で2012年から、今度は都市交通システムの実証運用を始めています。これが「Ha:mo（ハーモ）」です。**カーシェアリングと公共交通を最適に組み合わせ、人や都市、社会に優しい移動の実現を試み**ており、トヨタ以外に豊田市、中京大学、名古屋鉄道（名鉄）などがメンバーに加わっていました（**図5-3-2**）。

■ 国内外5地域で展開するHa:mo

　当初は低炭素かつシームレスな移動をサポートする情報提供システム「Ha:mo NAVI（ハーモナビ）」と、都市内の短距離移動を想定した1人乗り超小型電気自動車「コムス」のシェアリングサービス「Ha:mo RIDE（ハーモライド）」の2つのサービスで構成されていました。

　Ha:mo NAVIは、**スマートフォンやタブレット端末のアプリで目的地までのルート案内を行う**もので、トヨタや公共交通事業者の情報通信システムを活用し、渋滞やパーク＆ライド駐車場の状況、周辺イベントの有無や天気を考慮した案内をしていました。早い順、安い順のほかに環境負荷が小さいエコ順を用意していたのが新鮮でした。

　一方のHa:mo RIDEは、公共交通の最寄駅と最終目的地との間の、いわゆる**ラストマイルの移動に対して、コムスのほかヤマハ発動機の電動アシス**

図5-3-2 Ha:moステーション

名古屋鉄道豊田線浄水駅のHa:moステーション　　　　　　　　　　　（著者撮影）

ト自転車「PAS_{バ ス}」をシェアリングで提供するというものでした。

　利用者は事前登録を行って専用ICカードの発行を受け、スマートフォンやタブレット端末で予約し、ICカードで認証と解錠を行いました。借り出しと異なる場所への返却が可能なワンウェイ利用（乗り捨て）も可能になっていました。

　ここまで読んでいただけた方は、Ha:mo NAVIはMaaSアプリのパイオニア的存在のひとつだと認識するでしょう。しかしその後、本格サービスに移行したのはHa:mo RIDEのみでした。

　一方、コムスを用いたシェアリングサービスは徐々にサービスを拡充しており、2020年2月時点で豊田市のほか東京23区、島根県出雲市、沖縄県うるま市・久米島町・今帰仁村_{な き じ そん}、タイの首都バンコク「CU TOYOTA Ha:mo」が稼働しています。

　大都市、地方都市、観光地など、さまざまな場所を選定しているのは、異なるフィールドでの適応性などを確認する目的も含まれているそうです。料金設定も豊田市、東京、バンコクは10〜20分刻み、今帰仁村などの観光地

は1〜5時間コースでの案内と異なっています。

　このうち豊田市、東京、バンコクのHa:moはスマートフォンで登録・予約・決済が可能で、東京はタイムズモビリティが運営する他のカーシェアリングも利用可能です。他のモビリティサービスとの連携で、MaaSへの発展が期待できる取り組みです（**図5-3-3**）。

図5-3-3 Ha:moの予約

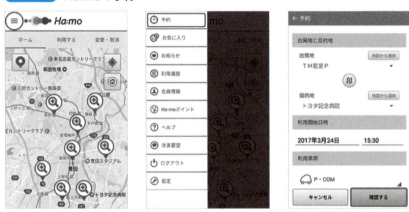

出典：Ha:mo RIDE豊田ご利用案内(https://hamo-toyotacity.jp/use/)より引用

ソフトバンクとトヨタの
タッグが目指す道

■ 日本を代表する2社が手を結んだ理由

本章の最初にも記したように、トヨタ自動車の豊田章男社長は2018年の
CESで、トヨタは自動車を作る会社からモビリティカンパニーに変革すると述べ、**移動、物流、物販など多目的に活用できるモビリティサービス専用
の自動運転の電気自動車 e-Palette Concept**を発表しました（**図5-4-1**）。

これまで多くの場面で自前主義にこだわってきたトヨタですが、
e-Paletteを運用するモビリティサービスの会社については、単独での設
立はしませんでした。同年10月、**ソフトバンクと提携し、共同出資で
MONET Technologies（以下MONET）という新会社を設立すると発表**
したからです。

MONETは前節で記したように、新たに考案したネーミングではなく、か

図5-4-1 e-Palette Concept

CES 2018で発表されたモビリティサービス専用EV
出典：トヨタ自動車ニュースルーム（https://global.toyota/jp/newsroom/）より引用

第
5
章

図5-4-2 MONET Technologies

出典：MONET Technologies公式ウェブサイト（https://www.monet-technologies.com/）より引用

つてトヨタが使用していた情報通信ネットワークの名前を復活させたものです。合弁を申し出たのはトヨタ側で、出資比率はわずかにソフトバンクが上で、社長もソフトバンク出身です。

トヨタはe-Palette展開のひとつとして、ライドシェアへの参入を考えていたようです。しかし第4章で触れたように（➡P.106）、**ソフトバンクは世界のライドシェア乗車回数の約9割を占める主要4社の筆頭株主**になっています。**モビリティカンパニーへの転換にはソフトバンクと手を結ぶことが不可欠**とトヨタは判断したようです（**図5-4-2**）。

同社はトヨタとソフトバンクの情報通信プラットフォームを連携させ、オンデマンドモビリティサービスやデータ解析サービス、そして**Autono-MaaS**事業を進めたいとしています。Autono-MaaSとは、Autonomous Vehicle（自動運転車）とMaaSを融合させた、自動運転車を利用したモビリティサービスを示すトヨタの造語です。

■ 圧倒的な求心力

　具体的にはまず、**既存のワンボックスカーを用いて利用者の需要に合わせた配車を行う「地域連携型オンデマンド交通」「企業向けシャトルサービス」などを、全国の自治体や企業向けに展開**していく予定で、続いて2023年頃からはe-Paletteを用い、料理宅配、移動診察、移動オフィスなどのモビリティサービスを展開するという計画を持っています（**図5-4-3**）。

　会社としての事業は2019年2月に始まり、直後に次世代型オンデマンドモビリティサービスの提供に向けて国内の17自治体と連携しました。具体的には北海道安平町、秋田県仙北市、神奈川県横浜市および鎌倉市、石川県加賀市、長野県伊那市、岐阜県岐阜市、静岡県藤枝市、愛知県名古屋市および豊田市、滋賀県大津市、兵庫県川西市、広島県福山市、府中市および東広島市、福岡県嘉麻市、熊本県菊池市となっています。

　その後も千葉県千葉市、愛知県みよし市、香川県三豊市および琴平町などと連携協定を結んでおり、ネットワークが拡大しています。人口100万人を超える横浜市や名古屋市が名を連ねる一方で、人口10万人以下の市町も多く、地方にも目を向けていることがわかります。

図5-4-3　ワンボックスカーを用いた企業向けシャトルサービス「MONET Biz」

出典：MONET Technologiesプレスリリース
　　　（https://www.monet-technologies.com/news/press/）より引用

また同年3月には、本田技研工業（ホンダ）と日野自動車の出資を発表すると共に、モビリティイノベーションの実現に向けた「なかまづくり」の一環として、企業間の連携を推進する**MONETコンソーシアム**を設立しました（**図5-4-4**）。発表時点で計88社が参加していたこのコンソーシアムは、2020年2月時点では509社に膨れ上がっており、求心力の高さを実感します。

　出資についても、その後2019年6月にホンダと日野が出資比率を増やすと共に、新たにいすゞ自動車、スズキ、SUBARU、ダイハツ工業、マツダも資本参加しました。国内の自動車会社の大部分が出資したことになります。

　具体的な活動も動きが早く、2019年9月までに豊田市、横浜市、福山市、安平町、三豊市および琴平町、府中市でオンデマンドバスや乗合タクシーの実証実験を行っています。

　豊田市の舞台は、2005年の合併前は小原村だった小原地区で、2009年から運行するオンデマンドバス「おばら桜バス」について、従来からの電話に加えMONETのプラットフォームを用いたスマートフォンのアプリで予約ができるようになりました。

図5-4-4 多種多様な企業のサービスを連携させるMONETコンソーシアム

出典：MONET Technologiesプレスリリース
　　　（https://www.monet-technologies.com/news/press/）より引用

横浜市で実証実験を行ったのは、大規模な団地がある内陸部の旭区若葉台で、同社の配車プラットフォームを活用したオンデマンドバスの実証実験を実施しました。横浜市とソフトバンクは2019年1月、ICTを活用した地域移動の充実に関する取り組みについて包括連携協定を締結しており、MONETがその取り組みを引き継いだと言えます。

福山市は北部の服部小学校を中心とした服部学区を対象に乗合タクシー運行の実証実験を実施し、通院や買い物などの移動に活用してもらうことで、効率的な運行方法や利便性を検証しました。

■ 地方での取り組みが目立つ

2018年の北海道胆振東部地震で大きな被害を受けた安平町では、2013年から町内追分・安平・早来・遠浅地区の市街地を運行する予約制の乗り合いバス「安平町デマンドバス」でMONETの配車プラットフォームを活用し、「MONETバス予約」アプリを2019年8月に提供開始しました（**図5-4-5**）。

三豊市および琴平町では、「瀬戸内国際芸術祭2019」の秋会期の開幕に合わせて2019年9月から三豊市須田港～高松空港間で運行を始めたシャトルバスにMONETの技術を活用。府中市協和地区では住民の自宅付近と公民館や商店などを結ぶ予約制乗り合いバスを同月から試験的に運行しています。

図5-4-5 北海道安平町のMONETバス予約

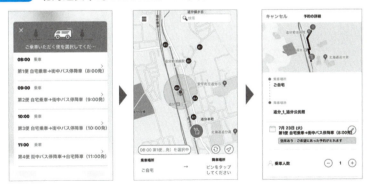

出典：MONET Technologiesプレスリリース
（https://www.monet-technologies.com/news/press/）より引用

さらに2019年12月12日には伊那市が、**医師による診察を遠隔で受けられる移動診察車の実証実験**を開始しました。看護師などが患者の自宅などを訪問し、車両内で遠隔地にいる医師が移動しながら診察を行い、医師の指示に従って患者の検査や必要な処置を行うことを想定しており、効率的なルートで患者の自宅などを訪問できるようにするそうです（**図5-4-6**）。

　加賀市でも2019年度内の導入を予定しています。こちらは事前予約制の乗り合いタクシー「のりあい号」4台に、走行データなどを収集できる通信機器を設置。収集したデータを自動運転社会を見据えたモビリティサービスの最適化や道路計画に活用するとしています。

　いずれの事例も、**中心市街地から離れた交通の不便な場所での展開であり、MONETが地方の移動に注力している**ことが伝わってきます。それと共に感じるのは、短期間で多くの自治体と提携を結び、実証実験を展開し、コンソーシアムへの参加企業を数百社にしていることです。トヨタとソフトバンクという、日本を代表する2つの大企業がタッグを組んだ影響力の表れと言えるでしょう。

　MONETは**自動運転モビリティサービスの展開を目指す事業者**であり、本格的なMaaSの実現には既存の公共交通との連携が不可欠になりますが、我が国のMaaS発展のうえで欠かせない集団であることは間違いありません。

図5-4-6　伊那市の移動診療車

折りたたみ式の診察台や、医師が患者を遠隔から問診するためのテレビ会議システムなども備わっている
出典：ソフトバンクニュース（https://www.softbank.jp/sbnews/）より引用

ダイムラーの
モビリティサービス戦略

■ スマートの挑戦

　高級車メルセデス・ベンツの生産販売を行うドイツのダイムラーもトヨタ同様、以前からMaaS分野に積極的に取り組んできた自動車メーカーです。取り組みのきっかけが超小型車であるところも共通しています。

　ダイムラーの超小型車は「**スマート**」といい、もともとは時計会社のスウォッチが企画しました。ダイムラーがこのコンセプトに共感を示し、MCC（マイクロ・カー・カンパニー）という合弁会社を1994年に設立、4年後に発売したものです。車名の「スマート」(Smart) は、スウォッチ（Swatch）とメルセデス（Mercedes-Benz）の頭文字にアート（art）を組み合わせたものでした。

　誕生の目的は都市問題の原因のひとつである**交通渋滞の解消**や**駐車空間の削減**などで、2人乗りとすることで全長は約2.5mと、現在の軽自動車よりさらに1m近く短く、路上占有面積を大幅に削減し、渋滞解消に寄与しました。当初の**エンジンの排気量も600ccと現在の軽自動車より小さく、環境性能に優れていました**（図5-5-1）。

図5-5-1 日本では2000年から正規輸入が始まった初代スマート

（著者撮影）

第
5
章

前述したトヨタのe-comがシェアリング前提で開発されたのに対し、**スマートは販売にこだわり、駐車場やレンタカーなどの優遇措置を用意してメリットをアピール**しようと考えました。しかし多くの関連事業者は、特定の車種だけ優遇するのは公平性に欠けると判断し、受け入れませんでした。

販売成績もいまひとつでした。そもそも乗用車は100年にわたり、利便性や快適性を高める方向で進化してきており、メルセデスはその代表格でもありました。2人しか乗れないなど万能性に欠けるスマートの販売が伸び悩んだのは、ある意味当然と言えるでしょう。

とりわけ21世紀になると、自転車が環境に優しく健康維持にもつながる乗り物として再注目され、自動車の分野ではカーシェアリングが一般的になってきました。この流れの中で、スマートは環境問題や都市問題に対する理想解とは言えなくなっていきました。

■car2goとmoovel

こうした状況変化もありダイムラーは2009年、**スマートを用いたカーシェアリングを開始**します。名称は「car2go（カーツーゴー）」で、ダイムラーの本社があるシュツットガルトの南東約70kmにある都市ウルムに初導入しました。最大の特徴は「**フリーフローティング方式**」で、貸出・返却の専用のステーションを持たず、決められたエリア内の駐車場に車両が置かれていて、返却も指定の駐車場であればどこでも乗り捨て可能となっています。

car2goは2011年からは、この年設立したダイムラー・モビリティ・サービスが統括しています。2019年8月現在、ドイツのほかイタリア、オーストリア、オランダ、カナダ、スペイン、フランス、米国など合計31都市に導入しており、一部の都市では電気自動車仕様も用意する一方、大型車であるメルセデスを用意する都市も多くなっています。

続いてダイムラーは2012年から、シュツットガルトとベルリンで「moovel（ムーベル）」と名づけたマルチモーダルアプリの実証実験を始めました。ドイツ鉄道（DB）がQixxitをリリースしたのは翌2013年であり、一歩先駆けたことになります。さらにこのmoovelの運営も担当するダイムラー・モビ

出典：Daimler Global Media Site（https://media.daimler.com/marsMediaSite/）より引用

リティ・サービスは2014年、タクシー配車アプリの「**mytaxi**」を買収してい
ます。

　2015年にmoovelは独立し、まずシュツットガルトで本格的なMaaSへ
の移行を果たします。**car2goやmytaxiはもちろん、公共交通の経路検索
や決済も可能となった**のです（**図5-5-2**）。

　シュツットガルトは盆地の中にある都市で、ドイツの中でも大気汚染のレ
ベルが高く、大気汚染警報を出すことがあります。moovelではこの警報に
対応しており、警報が出た日には運賃が半額になるサービスを始めていま
す。

　2016年には第4章で紹介したように（→P.109）、米国でのこの分野のパ
イオニアであるスタートアップ企業のGlobe SherpaとRide Scoutを買収
し、「**moovel North America**」としています。

　続く2017年にはドイツのカールスルーエで、現地のマルチモーダルアプ
リである「**KVV.mobil**」（KVVはカールスルーエ交通連盟の略）のブランド
力を活かし、システムの技術提供のみを行う形態での参入を果たしました。

同様の展開は、我が国でJR東日本（東日本旅客鉄道）と東急が中心となって立ち上げた「**Izuko**」（➡ P.193）でも行っていました。

■BMWとのサービス連携の意味

　ところがダイムラーは、軌道に乗りつつあるcar2goやmoovelをブランドとして育てる道は選びませんでした。2018年3月、同じドイツの自動車メーカーであり長年のライバルでもあるBMWのモビリティサービス部門との統合という道を選び、新会社を共同出資してベルリンに置いたのです。

❶ 電気自動車充電ネットワークの「CHARGE NOW」
❷ 駐車場検索の「PARK NOW」
❸ タクシー配車アプリの「FREE NOW」
❹ カーシェアリングの「SHARE NOW」
❺ マルチモーダルサービスの「REACH NOW」

　MaaSと関連するのはREACH NOWですが、BMWはMaaS分野への参入はしておらず、それまでBMWが使っていたカーシェアリングの名称のひとつをmoovelの発展型のネーミングにあてました。逆にCHARGE NOWとPARK NOWは同名のBMWのサービスを名前ごと引き継ぐもので、FREE NOWとSHARE NOWが両者が持っていたサービスを統合させたものとなります（**図5-5-3、図5-5-4**）。

　発表資料で「モビリティ・アズ・ア・サービス」という言葉があるのはREACH NOWだけで、それ以外にはMaaSとのつながりを示す表現はありません。**CHARGE NOWとPARK NOWはマイカーも対象としているので、そもそもMaaSの基本概念から外れます**。

　ダイムラーではこの5つのサービスについて、A地点からB地点に移動する際にできるだけ多くのオプションを提供したいと考え、乗車することだけでなく運転することも含まれていると説明しており、**マイカーが含まれている**ことを明らかにしています。

図5-5-3 BMWとダイムラーによるタクシー配車「FREE NOW」

ライバル会社のBMWとダイムラーで同じFREE NOWのサービスを提供
出典：Daimler Global Media Site（https://media.daimler.com/marsMediaSite/）より引用

図5-5-4 BMWとダイムラーによるカーシェアリング「SHARE NOW」

BMWのDriveNow（左）とダイムラーのcar2go（右）
出典：Daimler Global Media Site（https://media.daimler.com/marsMediaSite/）より引用

第5章

その後2019年12月、両者はこの5つを3部門、

❶ FREE NOW
❷ SHARE NOW
❸ PARK NOW & CHARGE NOW

に再編し、2020年1月に設立する統括組織「**YOUR NOW**」の下に置くと発表しました（**図5-5-5**）。

「YOUR NOW」を親会社に3部門に整理

　両社によると、このうちFREE NOWはREACH NOWの経験を活かし、自転車シェアやカーシェアリング、公共交通などもアプリで扱えるようにしていくそうで、MaaS部門を担当していたREACH NOWはFREE NOWに吸収されたことになります。

　ダイムラーとBMWはやはり自動車メーカーであり、**あくまで自動車をメインにしたモビリティサービスを推進していく**という意志が、この再編で明らかになったと解釈しています。

144

日産とDeNAのモビリティサービス

■ 自動運転に積極的な2社

　日本ではトヨタ以外にも、**日産自動車**がIT企業**DeNA**と組んで自動運転モビリティサービスの実現に向けた実証実験を重ねています。

日産自動車の自動運転システム

　日産は2013年、2020年までに革新的な自動運転技術を複数車種に搭載する予定と発表し、日本の自動車メーカーでいち早く自動運転の実現に言及しました。筆者（森口）は同時期に米国のテストコースで実験車両に同乗しており、ステアリングやペダルの操作なしに設定したコースを走行するだけでなく、歩行者を模したボードが飛び出すと自動的に急停止するなど、当初から完成度の高さに驚いた記憶があります。

　その後も日産は自動運転の研究開発を進め、2016年からは高速道路の同一車線でアクセルとブレーキ、ステアリングの自動化を実現する「ProPILOT」を複数車種に搭載しました。2019年にはスカイラインに、ナビゲーションシステムと連動して設定したルートを走行し、高速道路同一車線内でのハンズオフ、つまり手放しによる自動運転とドライバー承認下でシステムによる分岐や車線変更を行える「ProPILOT 2.0」を採用しました。

DeNAのコネクテッドサービス

　一方のDeNAは2015年にオートモーティブ領域への進出を開始。同年個人間カーシェアリングサービスの「Anyca」（→P.69）をスタートさせると、翌年にはフランスのITベンチャー、EasyMileの無人運転シャトルに「Robot Shuttle」という名を与え、国内各地で実証実験を実施していま

す。さらに2018年には「MOV」と名付けたタクシー配車アプリの提供を開
始し、2年後には日本交通の子会社が運営する配車アプリ「JapanTaxi」と
の統合を発表するなど、多方面で展開を進めています。

日産との提携を発表したのは2017年のCESで、無人運転技術を活用し
たモビリティサービスの活用を進めていくと明言しました。そして翌年と
2019年の2回にわたり、無人運転車両を活用したモビリティサービスの実
証実験が行われました。

名称は「Easy Ride」で、日産の自動運転技術とDeNAのコネクテッド技
術を融合したものでした。日産の本拠地である神奈川県横浜市のみなとみら
い地区周辺とし、数か所のステーションを置いていました。参加者は公式サ
イトで募集した一般モニターで、抽選で選ばれました（**図5-6-1**）。

図5-6-1 Easy Ride 実証実験 2019

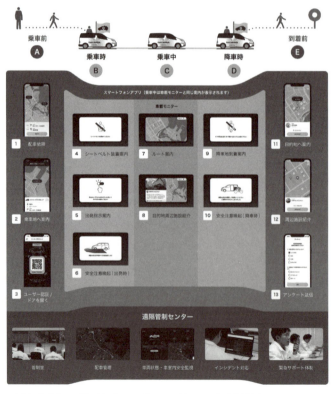

出典：Easy Ride公式ウェブサイト（https://easy-ride.com/）より引用

■ アプリでレストランのクーポンも取得

　特筆すべきは、自動運転ライドシェアの予約や目的地設定だけでなく、周辺のレストランのクーポン取得なども行えることでした。**移動そのものだけでなく、移動によって得られる付加価値を提案**したところが新鮮でした。

　専用モバイルアプリで乗車時間や目的地の設定を行う際には、地名や施設名だけでなく「パンケーキが食べたい」などの検索もできました。入力は音声でも可能で、リストの中から行きたい店を選ぶと、最寄りのステーションまで乗せて行ってくれます。

　運転手はいましたが、ステアリングもペダルも操作はしません。自動運転は車両側だけで制御しているわけではなく、走行中の位置や状態をリアルタイムで把握可能な遠隔管制センターを設置しており、将来的には運転手のいない無人運転を想定しているようです。

　乗車中には走行ルート周辺のおすすめスポットや最新のイベント情報など、約500件の情報が目の前のタブレット端末に表示され、店舗などで使えるお得なクーポンも用意していました。お気に入りのクーポンがあれば手持ちのスマートフォンに転送し、あとで使えるという仕組みでした（**図5-6-2**）。

図5-6-2 Easy Ride 2018車内

後席向けタブレットに周辺スポットを表示　　　　　　　　　　（著者撮影）

MOVアプリの拡張

　2018年の実証実験終了後、DeNAはMOVを採用するタクシーの後部座席にタブレットを装着すると発表し、翌年から展開を始めました。**タクシーメーターと連動した車内案内や料金表示のほか、ニュースや交通情報などのコンテンツを提供**し、それ以外のサービスも提供していくとのことです。Easy Rideでの実験を活かしたサービスと言えます。

　さらにMOVでは同じ2018年、運賃を無料にする「0円タクシー」を期間限定・台数限定で展開し話題を集めました。契約スポンサーの広告を車体ラッピングや車内タブレットで展開し、これとMOVの広告宣伝費によって乗客が支払う運賃を無料にするというビジネスモデルです。**無料で移動を提供するサービスはほかにも例がありますが、現状では広告が集めやすい大都市限定**となっています。東京のような大都市はほかにも多種多様な交通が用意されているので、日々の移動に苦労している高齢者や障害者、過疎地の生活者などの移動補助に回せる仕組みがあれば好ましいでしょう。

　MOVではその後、**交通系ICカードでの決済**も可能としており、将来はQRコード決済機能も盛り込みたいとのことです。また最適なコンテンツ配信を行うための性別・年代推定機能、提供コンテンツ拡充などを行いつつ、**AIを活用したタクシーの需給予測も導入**しており、運転手は効率的に利用者を探し、利用者はスピーディにタクシーに乗れることを目指します。

　一方でルノー日産グループは、自動運転の研究開発の第一人者と言える「Waymo（ウェイモ）」と、自動運転モビリティサービスに関する契約を締結しました。3社はまずフランスと日本で、移動及び物流の自動運転サービス事業に関して、あらゆる側面で実現の可能性を検討し、その後、他の市場への検討に移っていくそうです。

　このように日産とDeNAはすべての分野で協働するわけではなく、状況に合わせて臨機応変に動いていきそうですが、DeNAが展開する**移動中の付加価値提供は、今後MaaSとの組み合わせで発展が期待される分野**であり、移動そのものよりも収益面での可能性が大きく、多くの事業者が参入を考えていそうです。

独PTVのMaaS戦略
海外ソフトウェア企業の動向

■ 北欧や豪州で交通問題解決に寄与

　海外では交通事業者や自動車メーカー以外にも、さまざまな企業がMaaSに取り組んでいます。そのひとつであるドイツのソフトウェア会社「**PTV**」(Planungsbüro Transport und Verkehr) を紹介します。

　PTVは1979年、当時のカールスルーエ大学 (現カールスルーエ工科大学) からのスピンオフで設立されました。当初から交通計画を主要業務としており、現在は交通シュミレーションなどを対象とするソフトウェア開発企業となっています。

　業務はモビリティに特化していますが範囲は広く、

- ・マルチモーダルな交通計画
- ・リアルタイムの交通予測
- ・輸送計画や経路計画
- ・到着予想時間提供
- ・ルート検索と費用計算
- ・信号制御
- ・歩行者移動のシミュレーション
- ・交通事故データの収集検証分析

など、さまざまなシーンに適応するソフトウェアを開発しています。

　中でも有名なのは、マルチモーダルなシュミレーションソフトウェア「**PTV Vissim**」です。Vissimとは Verkehr In Städten SIMulationsmodell というドイツ語の略で、和訳すると「都市交通のシュミレーションモデル」

第5章

149

となります（**図5-7-1**）。

　PTV Vissimは現在、**自動運転車のバーチャルテスト**に広く使われています。世界各地で自動運転の実験走行が続けられていますが、**20台の自動運転車が1年間走行しても米国の全自動車の移動距離の12分の1に過ぎない**という業界関係者の声もあり、さまざまな交通状況に対応するためにバーチャルテストが重要になりつつあります。

　都市内の交通効率化にも効果があるとのことで、シェアモビリティを効率的に運用することでマイカーからの移行を促し、交通渋滞の解消や環境問題の改善、土地の有効活用などに役立てることができるとしています。

　PTVのソフトウェアは世界120か国、2,500以上の都市で、1.5万人以上の交通専門家が使用しており、北欧デンマークの首都コペンハーゲンでは自転車交通のシミュレーションに使われ、オーストラリア西部では信号制御式ラウンドアバウト（環状交差点）の実現に寄与したといいます。

図5-7-1 PTV Vissim 6

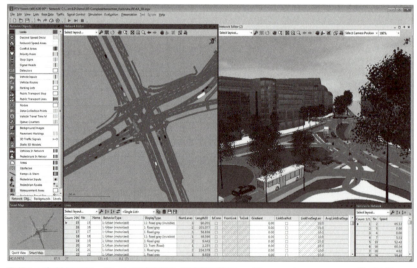

登録して無料デモバージョンを試すことができる（https://www.ptvgroup.com/ja/ソリューション/製品/ptv-vissim/）

■ MaaS専用ソフトウェアを提供

このPTVがMaaSに本格的に参入すべく構築したソフトウェアが**MaaS Accelerator Program**です。これは❶**MaaS Modeller**、❷**MaaS Simulator**、❸**MaaS Operator**、❹**MaaS Controller**の4つのステップからなっています。

❶ MaaS Modeller

シェアモビリティで使用する自動車のサイズや種類、待機時間などを計画に組み込み、既存の公共交通と組み合わせた場合の相互作用などを見ます。

❷ MaaS Simulator

歩行者と自転車、マイカー、シェアモビリティの相互関係を調べます。

❸ MaaS Operator

リアルタイムの需要管理と経路最適化のコンポーネントで、車両を効率的に走行させ、管理を可能とし、利用者には最短最適なルートを提供します。

❹ MaaS Controller

都市内のモビリティオペレーションシステムに統合され、効率的な交通管理業務やネットワーク計画を可能とします。

経済協力開発機構（OECD）に設置された国際交通大臣会議（ITF）と共にポルトガルの首都リスボンで行った検証では、駐車場の削減によりサッカー場210個分のスペースを創出し、CO_2排出量は27％削減可能、シェアモビリティの待ち時間は4分に過ぎず、80％もの路上駐車車両を削減し、既存車両の35％があれば交通需要を満たすことが可能という結果を出しています。

既存の公共交通についても、車両増備や設備投資の必要性、損益分岐点、運賃設定、車両の走行距離などを算出し、都市内の移動を効率的に提供できるための理想値などが算出できるようになっています。

PTVは自身がアプリを開発するわけではありません。しかしMaaSは複数のモビリティをシームレスにつなぎ合わせて利便性や快適性の向上を目指すツールです。そう考えると、PTVのようなソフトウェアは重要であり、MaaSビジネスにはこのようなフィールドがあることも教えられます。

第**6**章

日本版MaaSの作り方

欧米には遅れを取りましたが、日本でも官民問わずMaaS導入に向けた動きが活発になっています。その過程では、我が国独自のMaaSも誕生しています。

民間主導の短所と長所

■ 都市交通一元化はMaaSへの近道

　本書ではMaaSを、都市や地方の移動に関する問題を解決に導くツールのひとつとして紹介していますが、フィンランドの方式が日本にそのまま導入できるかというとそうではありません。環境の違いがあるからです。中でも目立つのが、**日本の交通事業者の多くが民間**であるということです。

　第2章で触れましたが（➡ Section2-1、2-2）、**欧州では1960年代以降、公共交通を文字通り公共のインフラと位置づけ、公的組織が税金や補助金を主要財源とし、都市内の交通を一括して運営する動き**が進みました。**運賃もゾーン制によってひとつの体系にまとめました。**さまざまな交通をシームレスにつなぎ合わせるというMaaSの概念のある程度の部分は、以前から完成していたわけです。

　さらに第4章では、**欧州の都市交通は定期券も市内乗り放題としているところが多くなっている**ことを紹介しました。Whimの特徴のひとつである定額制もまた、ある程度のレベルまで確立していたことになります。

　逆に言えば、日本におけるMaaSはそれだけ導入における作業が多いことになります。**鉄道だけで10以上の事業者がある東京は、ある意味で世界一MaaSの導入が難しい都市のひとつ**と言えるでしょう。

　日本における都市内全域乗り放題としては、1日乗車券などがあります。交通事業者が多い東京には、さまざまな種類の1日乗車券が用意されています。しかし本書を書いている時点で、東京23区内のすべての鉄道・バスを利用できるものはありません。もっとも適用範囲が広い「東京フリーきっぷ」でも、JR東日本と東京メトロ、東京都交通局に限られており、東急電鉄や小田急電鉄などには乗れません。

それでも交通系ICカードでは複数の事業者を通しての利用は可能で、首都圏のカードで関西の鉄道やバスが乗れるなどの互換性は進んでいます。しかし、基本は利用者があらかじめチャージした金額から、利用のあった交通事業者がその都度請求していく方式です。**MaaSはこれを、あらかじめ交通事業者がデータを持ち寄り統合した中で、検索や決済をしていく**ものです。

　それなら欧州のように、**都市交通そのものを一元化**した方が効率的であり、利用者にとってはMaaS以外でもメリットが出てくることはこれまで書いてきた通りです。

■日本ならではの観光型MaaS

　その一方で、民間事業者だからこそ可能になっている部分もあります。**沿線に商業施設や観光施設を建設し、住宅開発を行うことで、多くの人に鉄道を利用してもらおうというビジネススタイル**です。

　このスタイルを生み出したのが、阪急電鉄の創始者である小林一三であることは知られています。宝塚歌劇は象徴的な例です（**図6-1-1**）。関東地方では東急電鉄田園都市線沿線に広がる多摩田園都市が代表格となるでしょう。

　こうした領域までMaaSに含めることは、MaaSの概念をわかりにくくす

図6-1-1 宝塚大劇場

阪急電鉄宝塚駅そばにある宝塚歌劇の宝塚大劇場　　　　　　　（著者撮影）

る懸念があり賛否両論ありますが、鉄道事業者にとっては昔からセットで運営してきた要素であり、**MaaSにおいても移動と居住、お出かけを組み合わせるのは自然な流れ**でしょう。

　次節で紹介しますが、国土交通省では独自に「**日本版MaaS**」を5種類に定義しており、その中で「**観光型MaaS**」についても触れています。またSection7-2で後述する（→P.193）、JR東日本と東急が主体となって実証実験を進めた（本書発売時には終了）伊豆地方のMaaS「**Izuko**」は、自らを観光型MaaSと呼び、欧州からも注目を集めています。

　見方を変えれば、**民間事業者が公共交通を運営している日本ならではの強みであり、MaaSの拡張性という点で一連の経験は有利に働く**のではと考えています。

　最近、日本では公共交通の運営について、「**上下分離**」という方式を一部で導入しています（**図6-1-2**）。分け方は路線によりやや異なりますが、**車両やインフラの維持整備を下、列車の運行や駅の営業を上と捉え、別々の組織が行う**ものです。

　前述してきた公共交通一元化に則れば、MaaSに関係する部分を含めた下側は公的組織による一元化を進めて効率化を図り、上側の利用者サービスを民間に任せて競争を促すという手法が、これからの日本の公共交通のあり方として好ましいのではないかと考えています。

図6-1-2　近年増えてきた「上下分離」方式

| 上 | 運行・運営を行う民間交通事業者 |
| 下 | 線路施設の保有、整備、車両の貸付けを行う公共自治体 |

コストの掛かるインフラは自治体などが担当し、運行はサービスに長けた民間業者が担い、分業して効率化を図る

Section 6-2

経済産業省と国土交通省の合同プロジェクト
日本政府の
スマートモビリティ戦略

■ スタートでは大きく遅れたが

　第1章で書いたように、MaaS発祥の地であるフィンランドでは、MaaSにつながる発想が生まれたのは2006年であり、アプリの提供が始まるまで10年の歳月を要しています。その過程では国の機関が重要な役割を果たしています。

　それに比べると、日本政府がMaaSに際して本格的に動き始めたのは2018年です。すでにフィンランドだけでなくドイツや米国などでもサービスが始まっており、出遅れ感は否めません。ただしその後、政府が急速にMaaSを含めたモビリティサービス関連の環境整備を進めていったことには触れておくべきでしょう。

経済産業省の動向

　政府でまず具体的な動きを起こしたのは経済産業省で、**IoTやAIを活用した新しいモビリティサービスを「広義のMaaS」**と位置づけ（➡P.15）、経済成長や産業高度化にはこの分野の活性化が重要という考えから、2018年6月から「**IoTやAIが可能とする新しいモビリティサービスに関する研究会**」を開催し、現状と課題の整理や今後の取り組みの方向性などについて検討を重ね、2018年10月に中間整理を行っています。

　広義のMaaSの代表例として挙げたのが無人運転ライドシェア（経済産業省ではタクシー業界に配慮して配車サービスと表現）です。中間整理では「**狭義のMaaS**」についての説明もあります。こちらは複数の交通を統合し、一元的に検索・予約・決済が可能なマルチモーダルサービスとしており、代表例としてフィンランドのWhimを取り上げています。

国土交通省の動向

　経済産業省が中間整理を行った2018年10月には、国土交通省も動き出します。こちらでは**MaaSなどの新たなモビリティサービスの活用によって都市や地方が抱える交通サービスの課題解決を図る**ことを目指し、「**都市と地方の新たなモビリティサービス懇談会**」を2018年10月から翌年3月まで8回開催し、中間とりまとめを公表しました。

　国土交通省では新たなモビリティサービスとしてMaaSの他、カーシェアリングや自転車シェア、オンデマンド交通、超小型モビリティ、グリーンスローモビリティ（**図6-2-1**）などを「**新型輸送サービス**」として取り上げています。

　さらに国土交通省では、欧州などとは異なる民間主体の公共交通という特性（商業施設や観光施設も経営している）や、地域の抱える交通に関する課題点を細かく分類して、地域特性に合わせて「**日本版MaaS**」という概念を打ち出しており、**多様なMaaSの相互連携**、**移動と他のサービスの連携**、**まちづくりと連携**が重要と挙げています。「大都市型」、「大都市近郊型」、「地方都市型」、「地方郊外・過疎地型」、「観光地型」という5つの地域類型を設定していることも特徴です。

> **図6-2-1**　**新型輸送サービスのひとつ「グリーンスローモビリティ」**

グリーンスローモビリティ　電動で、時速20km未満で公道を走る4人乗り以上のパブリックモビリティ

―――　グリスロの5つの特長　―――

❶Green……CO₂排出量が少ない**電気**自動車　　❹Small……小型なので**狭い道**でも問題なし
❷Slow………ゆっくりなので、観光にぴったり　　❺Open……窓がない開放感が乗って**楽しい**
❸Safety……速度制限で安全。**高齢者**も運転可

※乗合バス事業、タクシー事業、自家用有償旅客運送で運行可

軽自動車	小型自動車	普通自動車
4人乗り / 4人乗り	7人乗り / 10人乗り / 車椅子リフター可 10人乗り	車椅子リフター可 16人乗り / 特殊用途車両（8ナンバー） / 福祉車両タイプ

出典：国土交通省「第8回 都市と地方の新たなモビリティサービス懇談会参考資料集」
　　　（https://www.mlit.go.jp/common/001279832.pdf）を元に作図

■ スマートモビリティチャレンジ

　このあとも両省は独自に懇談会や研究会を重ねていくだろうという一部の予想がありました。しかし、将来の自動運転社会の実現を見据え、新たなモビリティサービスの社会実装を通じた移動課題の解決および地域活性化を目指し、地域と企業の協働による意欲的な挑戦を促すべく、2019年4月に**経済産業省と国土交通省が合同**で新プロジェクトを開始すると発表しました。それが「スマートモビリティチャレンジ」です。

　具体的には、「**スマートモビリティチャレンジ推進協議会**」を立ち上げ（**図6-2-2**）、**地域ごとにシンポジウム**を開催するなど、地域や企業の取り組みに関する**情報共有**を促進し、**ネットワーキング**を進めると共に、先駆的取り組みに挑戦する地域・事業に対しては**事業計画策定や効果分析**などの支援を実施するそうです（**図6-2-2**）。

図6-2-2　「スマートモビリティチャレンジ推進協議会」構成図

「スマートモビリティチャレンジ推進協議会」を通して、官民一体となって取り組む

出典：経済産業省「『スマートモビリティチャレンジ』、始動」
　　　（https://www.meti.go.jp/press/2019/06/20190618004/20190618004.html）を元に作図

　なお国土交通省ではこのスマートモビリティチャレンジとも連携し、新モビリティサービス推進事業を実施しています。MaaSをはじめとする全国各地の新たなモビリティサービスの実証実験を支援し、地域の交通サービスの課題解決に向けたモデル構築を行っていくとのことです。

　スマートモビリティチャレンジ推進協議会の協議会会員は、2020年3月

25日現在で228団体にも上っています。2019年6月21日発表時点の148団体からかなり増えており、うち自治体が90、事業者・大学・公的組織などが138となっています。本書執筆時点でも入会を募集しているので、スマートモビリティやモビリティサービスに興味がある自治体や事業者、団体は入会を考えてみてはいかがでしょうか。

　また両省は2019年6月、スマートモビリティチャレンジの支援対象として、合計28の地域・事業を選定しました。**経済産業省が採択したパイロット地域分析事業が13、国土交通省が採択した新モビリティサービス推進事業が19で、うち4つは両省採択事業**となります（図6-2-3、図6-2-4）。

　さらに2019年10月から翌年1月にかけては、これら新しいモビリティサービス推進の取り組みを後押しするため、全国8カ所でシンポジウムが開催されました。こちらではスマートモビリティチャレンジの支援対象地域・事業、推進協議会の会員自治体・企業などによる取り組みの紹介や参加者によるネットワーキング等を通じて、MaaSの地域への普及を加速促進していきたいとしていました。

　スマートモビリティチャレンジはMaaSのみを対象とするものではありません。しかし懇談会や研究会を始めてから1年以内に経済産業省と国土交通省による合同プロジェクトを立ち上げ、200を超える協議会会員を集め、30近い支援対象を決定するという動きは、日本政府の動きとしてはかなり迅速であり、いち早く国としての指針を示したことは、MaaSを含めたモビリティサービスへの正しい理解を育むという点で好感が持てます。

図6-2-3 「スマートモビリティチャレンジ」支援対象地域・事業

● ：経済産業省・国土交通省採択事業
● ：経済産業省採択事業（パイロット地域分析事業）
○ ：国土交通省採択事業（新モビリティサービス推進事業）

No.	市区町村（地域）	都道府県	No.	市区町村（地域）	都道府県
①	阿寒地域	北海道	⑮	菰野町	三重県
②	上士幌町	北海道	⑯	志摩地域	三重県
③	浪江町・南相馬市	福島県	⑰	永平寺町	福井県
④	会津若松市	福島県	⑱	大津市	滋賀県
⑤	新潟市	新潟県	⑲	南山城村	京都府
⑥	日立市	茨城県	⑳	京丹後周辺地域	京都府
⑦	つくば市	茨城県	㉑	神戸市	兵庫県
⑧	前橋市	群馬県	㉒	山陰地域	鳥取・島根県
⑨	横須賀市	神奈川県	㉓	太田市	島根県
⑩	川崎市・箱根町	神奈川県	㉔	庄原市	広島県
⑪	伊豆地域	静岡県	㉕	瀬戸内地域	香川県
⑫	静岡市	静岡県	㉖	大分市	大分県
⑬	豊田市	愛知県	㉗	肝属郡3町	鹿児島県
⑭	春日井市	愛知県	㉘	八重山地域	沖縄県

2019年6月に全国から28の支援対象地域と事業が選定された

出典：スマートモビリティチャレンジ「企業・地域の取り組み紹介」
　　　（https://www.mobilitychallenge.go.jp/introduction）を元に作図

図6-2-4 スマートモビリティチャレンジ支援対象となった高蔵寺ニュータウン

（著者撮影）

高齢化が進む愛知県春日井市の高蔵寺ニュータウンでは相乗りタクシー実証実験などを実施

Section 6-3

自動運転時代に備える

JR東日本の「モバイルSuica」と「Ringo Pass」

■ 自動運転の衝撃

　トヨタ自動車が「モビリティカンパニーになる」と宣言したように（➡ P.118）、自動車メーカーがクルマを売るだけではなく、IoT、ビックデータ、AIなどの技術革新により、あらゆるモビリティサービスを提供するようになってきました。この動きが「**CASE**」（Connected, Autonomous, Shared & Services, Electric）などと呼ばれることは先に述べました（➡ P.12）。

　もし自動車が電動化して、ドライバーが運転せずに、インターネットで接続されて、遠隔地からコントロールされるようになれば、利用者にとっては、鉄道と変わらなくなってしまうかもしれません。このような懸念からJR東日本ではこれからの時代のモビリティを他社や大学などと考えるため、「**モビリティ変革コンソーシアム**」を2017年9月に設立しました。このモビリティ変革コンソーシアムから「モビリティ・リンケージ・プラットフォーム」（**図6-3-1**）やMaaSアプリ「Ringo Pass」が生まれました。

■ 輸送サービスから生活サービス＆IT・Suicaへ

　さらにJR東日本は2019年4月26日の決算説明会で、新しい経営ビジョン「**変革2027**」を打ち出しました。

　その中で経営状況を取り巻く変化について人口減少、少子高齢化による社会構造、働き方や豊かさなどに対する価値観の変化や多様化を指摘しています。またAIやIoTなどの技術革新が引き起こす生活環境の変化、経済や社会のグローバル化に伴う新しい価値観に合わせる必要があると考えています。

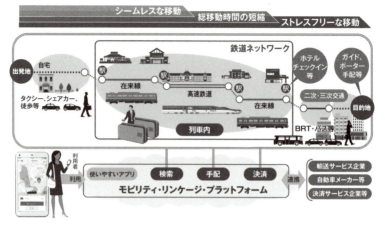

図6-3-1 「変革2027」で示されたモビリティ・リンケージ・プラットフォーム

鉄道だけでなく他の交通事業者とも連携し、アプリで利用者の利便性を高める構想

出典：JR東日本「変革2027」（https://www.jreast.co.jp/investor/moveup/pdf/all.pdf）より引用

JR東日本を取り巻く変化

❶ 人口減少、少子化、高齢化などの社会構造の大きな変化・多様化

❷ 働き方、豊かさなどに対する価値観の変化・多様化

❸ AIやIoTなどの技術革新が引き起こす生活環境の変化

❹ 経済・社会のグローバル化に伴う新たな価値観の受容

　同社の経営を安定的に進化させるためには、鉄道を走らせて運賃を収受する輸送サービスのみでは限界があるため、それ以外の事業を育てていく計画を立てています。そこでこれから10年は人が生活するうえでの「豊かさ」を起点にサービスを展開し、**「輸送サービス」とそれ以外の「生活サービス＆IT・交通系ICカードSuica」の割合を6：4に変え、新たな成長エンジンに位置づけた**のです。ちなみに2017年度は「輸送サービス」とそれ以外の「生活サービス＆IT・Suica」の連結営業収益は約2.95兆円で、割合は7：3でした（**図6-3-2**）。

　その推進のため、2019年4月にMaaS事業推進部門を新設しました。

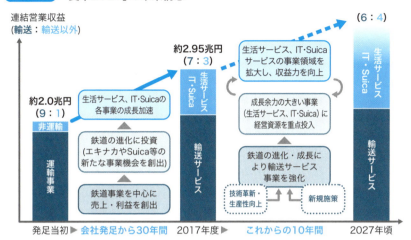

図6-3-2 「変革2027」の未来構想

連結営業収益
(輸送：輸送以外)

約2.0兆円
(9：1)

約2.95兆円
(7：3)

(6：4)

出典：JR東日本「変革2027」
（https://www.jreast.co.jp/investor/moveup/pdf/all.pdf）を元に作図

MaaSは駅を離れたあとの連携

　JR東日本はこれまで、**駅を拠点に総合生活サービス事業を行ってきました。今後は駅を離れたあとの連携を強化したいと考えています。**そこでRingo Passの活用を検討しています。

　Ringo Passは鉄道と二次交通（タクシー、自転車シェアなど）の予約と決済が可能です（**図6-3-3**）。そのうえで、鉄道、駅の中の情報、乗り換え情報が表示できる「**JR東日本アプリ**」とRingo Passをいずれはジョイントさせる計画です。

■お客さま視点で決済方法を多様化

　運賃収受や駅周辺の決済の仕組みを大きく変えたJR東日本の交通系ICカードSuicaの発行枚数は約7,950万枚、モバイルSuica会員は約812万人、1日あたりの利用件数は過去最高値の約909万件（2019年9月現在）です。交通系決済カードとしては世界最大級で、米国など海外からの評価も非常に高い存在です。

図6-3-3 Ringo Passの機能

鉄道事業者が、あえて「鉄道に乗る前」「鉄道を降りた後」の移動手段を提供する
出典：Ringo Pass公式ウェブサイト（http://ringopass.com/）より引用

　JR東日本は決済方法についても利用者視点に立ち、多様化する計画を立てています。例えばQRコードや、Suicaのシステム手数料が高くて受け入れられない地域に、価格を抑えた**地域連携ICカード**の発行を2021年春から提供する予定です。また在日外国人向けに新幹線と在来線を組み合わせた「**Welcome Suica**」も予定しています。インバウンド対応の新しい試みとして注目すべきです。

■ 他社との連携

　MaaSについて自社を軸とした展開のみならず、JR東日本は東急、小田急電鉄などの他の鉄道会社と連携を進めています。MaaSの概念にあるように、豊かな生活の実現や社会課題の解決に向けて、他の鉄道事業者と一緒に手を取り合って実現していかなければならないと考えているからです。

Section 6-4

沿線に住み続けてもらうために
地域の再構築に挑む
東急

■ ユニークなMaaSを生み出す可能性のある私鉄

　日本の私鉄のなかには、**都市・観光の開発と鉄道敷設を並行**させた歴史を持つ会社がいくつかあります。また大きな私鉄になると、鉄道、バス、タクシーなどの移動サービスをグループで経営しているところもあります。加えて、**移動サービスのみならず、駅前の商業施設の開発、スーパー、子育て・福祉施設など生活に関するサービスも提供**しているところもあります。このような日本の私鉄の事業展開は、世界的にも非常に稀有な事例で、まるで自治体のようです。

　日本のMaaSの推進の課題のひとつとして、民間事業が思い思いに移動サービスを展開しており、連携が非常に取りにくいことがあります。しかし、私鉄が**グループ全体で地域の主な移動サービスを提供していれば、連携のハードルは大きく下がります**。加えて**生活関連サービスと移動手段を組み合わせるサービス**ができれば、生活の課題解決として、より高度なサービスが日本発で生まれるのではないかと期待されています。

■ MaaSは地域の仕組みの再構築の作業

　いち早くMaaSに取り組んだのは**東急**です。東急沿線の人口はしばらく増加が続くと見込まれているものの、郊外では生産人口の減少と高齢化が急速に進んでいます。**郊外で問題となっているのは、マイカーに依存したライフスタイル**になってしまっていることです。郊外で住宅を購入した住民は、**クルマに乗れなくなると、生活ができなくなるのではないかと心配**しています。この問題に対応しなければ、東急の沿線価値が下がる恐れがあります。

東急はこの郊外の問題を解決するために、住民が歳を重ねて、運転免許証を返納しても、住み続けられる沿線作りを進めています。そのためには、**マイカー移動と同等のライフスタイルか、それ以上のライフスタイルを新たに作る必要**があります。そこで着目したのが、多様な移動サービスを組み合わせて、マイカー以上の移動を提供しようとするMaaSの考え方です。彼らはMaaSを「**地域の仕組みの再構築の作業**」、MaaSアプリなどの利用手段を「**住み続けてもらうための鍵**」だと独自に捉え積極的に取り組んでいます。

　移動サービスとしては、スマートフォンで乗車予約できるオンデマンドバス、坂道や狭い道の多い住宅街で高齢者が運転しやすいパーソナルモビリティ、カーシェアリングなどです（**図6-4-1**）。

　MaaSの利用手段についてもスマートフォンアプリのみならず、東急グループのケーブルテレビの活用など、デジタルデバイスに弱い高齢者に寄り添った選択を検討しています。

　東急は、沿線上の郊外における地方型MaaSを「**郊外型MaaS**」と呼び、それに加えて、伊豆半島などのグループ企業の拠点がある観光地で「**観光型MaaS**」も展開しています（➡P.193）。

図6-4-1　東急グループの郊外型MaaS実証実験の概念図

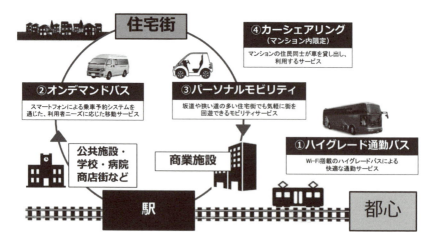

出典：東急ニュースリリース（https://www.tokyu.co.jp/company/news/2018/）より引用

Column

郊外型MaaSとは

　MaaSの分類の１つ。東急や小田急電鉄などの私鉄が打ち出しました。鉄道沿線で渋谷や新宿など人口密度の高い地域を「都市型MaaS」、沿線で人口密度の低い郊外を「郊外型MaaS」と区別しているようです。沿線の郊外では、車依存の生活となっており、高齢者が運転免許を返納すると生活ができなくなることが問題になっています。

Section 6-5
共通データ基盤「MaaS Japan」
最先端企業の連合体を作る小田急

■ 公共交通の問題をテクノロジーで解決

　前説で紹介した東急と同じく、日本の私鉄でいち早くMaaSに取り組んだのが、**小田急電鉄**（小田急）です。小田急は、**共通データ基盤を作ったり、自動運転バスなどの最新テクノロジーを用いたりして、日本の公共交通に関する問題を解決**しようとしています。

　日本の公共交通は、運転免許証の返納者やインバウンドの旅行客の増加などにより、以前より需要が高まっています。しかし都市部を除く、大多数の公共交通事業者の多くが、経営難に陥っています。それは、**同業他社を競合相手と考えて連携を拒む、日本の公共交通の業界気質**にあります。さらに拍車をかけたのが、**ドライバー不足**で、比較的人口密度の高い地域ですら、廃止が相次いでいます。

　小田急は、このような慢性的な公共交通の問題を解決するためには、**1社で採算性を考えるのではなく、地域の移動サービスを束にすることが急務**であり、何十倍何百倍もサービスレベルが上がり魅力的な総合サービスにできたならば、公共交通の財務状況も改善されるのではないかと考えています。

　MaaSは、地域のあらゆる移動手段を束ねて、クルマの保有よりも魅力あるサービスを提供する考え方です。さらには、**自動運転バスもMaaSのツールのひとつとして活用できたならば、ドライバー不足の問題解消、人口密度の低い地域の移動の確保**などの可能性が出てくるでしょう。

■ 最先端企業を結集させた、共通データ基盤「MaaS Japan」

最新テクノロジーによる公共交通の問題解決に挑む小田急は、最先端企業を結集させて、**MaaSの共通データ基盤「MaaS Japan」**の開発を進めています。MaaS Japanに参画する企業は徐々に増えており、2020年2月現在では、Yahoo!などに経路検索エンジンを提供する「駅すぱあと」のヴァル研究所、カーシェアリング最大手のタイムズ24、自転車シェア最大手のドコモ・バイクシェア、グッドデザイン大賞を受賞したパーソナルモビリティのWHILL、JR東日本、JAL、AIオンデマンド交通システムを提供する未来シェア、MaaSの生みの親がCEOを務めるMaaS Globalなどが入っています（**図6-5-1**）。

図6-5-1 共通データ基盤「MaaS Japan」

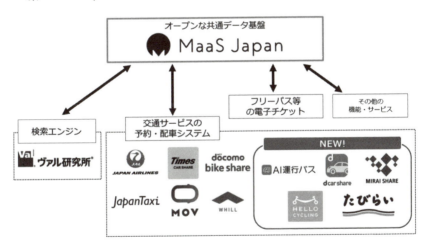

出典：小田急ニュースリリース
　　　（https://www.odakyu.jp/company/about/news/2019.html）より引用

■ MaaSアプリ「EMot」

MaaSの共通データ基盤「MaaS Japan」を活用して、2019年10月より
MaaSアプリ「**EMot**」のサービスの実証実験を始めました（**図6-5-1**）。

図6-5-1 MaaSアプリ「EMot」

出典：App Store「EMot」(https://apps.apple.com/jp/app/emot/id1472652885) より引用

このアプリを使って、小田急は移動の経路「行きかた」だけではなく、「生
きかた（ライフスタイル）」までも提供するため、モビリティサービスによる
移動（Mobility）や、日常においての新たな体験と感動（Emotion）を提供
したいと考えています。EMotの機能は「**複合経路検索**」と「**電子チケット
の発行**」です（**表6-5-1**）。

表6-5-1 EMotの2大機能

複合経路検索	まだまだ日本では浸透していない、自転車シェアやカーシェアリングなど新サービスを組み合わせた経路を提案する。アプリ内で予約、決済も可能。
電子チケットの発行	箱根フリーパスをはじめとした企画券の購入に加えて、ショッピングなどに応じて無料で移動手段が利用できる特典チケットの発行もできる。

まずは、箱根や浜名湖のエリアといった観光地で「観光型MaaS」、新百合
ヶ丘のエリアで郊外の生活者向けの「郊外型MaaS」を始めています。

しかしながら、移動を束ねることは、鉄道、バス、タクシーなどの移動サ

ービスをグループで経営する小田急にとっても容易なことではありません。グループ内での考え方の相違があったり、各社ごとに異なるシステムを使っているなど、一筋縄ではいかないようです。前節で紹介した東急にも同様のことが言えます。これから力量が試されることになるでしょう。

Section 6-6

トヨタMaaS「my route」を共に育てた
福岡のバス路線網を見直す西鉄

■ 地元住民から愛されるバス会社

　民間のバス事業者で好ましい動きをしている会社があります。福岡県福岡市に本社を置く**西日本鉄道**（西鉄）です。その名の通り、天神大牟田線、貝塚線などの鉄道事業を行っています。一方、乗合バス事業では1,733台の国内最大規模の車両台数を保有しています。そのため、鉄道会社と言うよりも、バス会社といったイメージが強いでしょう。

　西鉄は**郊外から福岡市内へのアクセスを充実させるため、面的に広がったバス路線**を張り巡らしています（図6-6-1）。利便性が非常に高く、バス路線網が頭に入ってる女性がいるほど、地元住民からも愛されています。鉄道・バス事業以外に、不動産事業などのまちづくりにも力を入れており、福岡市内一の繁華街・天神は西鉄が栄えさせたと言われています。

図6-6-1 西鉄バス路線マップ

広範囲に張り巡らされた西鉄バスの路線網

出典：西鉄バス路線図「福岡都市圏」
（http://www.nishitetsu.jp/files/uploads/14.map_all_190827.pdf）より引用

また、西鉄は独自に交通系ICカード「nimoca（ニモカ）」を発行しています（**図 6-6-2**）。「nice money card」の略で、バス、鉄道以外にも買い物にも使うことができます。また、クレジットカード機能をつけることもできます。nimocaのシステムは評価が高く、福岡のみならず、大分、熊本、佐賀、宮崎、函館などの交通事業者も導入しています。

図6-6-2 西鉄のクレジットカード機能付き交通系ICカード「nimoca（ニモカ）」

出典：「nimocaの種類」（https://www.nimoca.jp/about/buy/）より引用

■バス路線の面的ネットワークの見直し

運転免許証を返納した高齢者の移動手段などとして、バスの需要は高まっています。しかし、西鉄ほどの大手バス会社でさえ、**慢性的な人手不足**に頭を抱えています。

これまでの西鉄は、郊外から福岡市内へ、乗り換えなしでアクセスできるように、工夫してバスの路線網を組んでいました。しかし、ドライバーがうまく確保できない状況では、これまでと同じバス路線網の組み方では、全体のサービスレベルを維持することは困難です（**図6-6-3**）。

そこで自社のバス路線網を見直すことにしました。福岡市内の中心街にはバス以外に、徒歩、自転車シェア、タクシーなどのほかの移動手段があります。**中心街の移動は、バス以外の移動手段にゆだねて、その分のドライバーを郊外のバス路線にあてる**新しい方針を立てました（**図6-6-4**）。

ビッグデータの有効活用

また西鉄は、バス路線網の見直しにデジタルデータの活用も強化しています。日々のバスの運行状況や乗客の乗車状況を「見える化」させて、利便

図6-6-3 これまでの西鉄バスの路線網

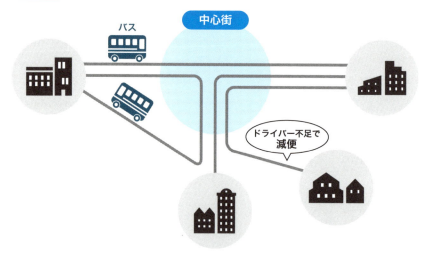

自宅や郊外から中心街への移動、そのまま中心街の交通も一手に担っていたため、便数が多くてドライバーの人手不足が深刻な問題に

図6-6-4 地域間の接続を意識した西鉄バスの路線網

中心街の交通手段はほかにまかせて、郊外との接続に力を入れられるようになった

性を損なうことなく、乗客にバスとバスとを乗り継ぎしてもらう方法などの検討や、路線の変更した後の影響の分析などを行っています。この際に、nimocaからわかる乗客の乗降データを役立てています。**多くのバス事業者の場合、交通系ICカードをバス乗降時の運賃支払いの決済にしか使っておらず、データ分析にまでは至っていない**のです。今後は、自社以外のデータを組み合わせて、発展させたいと考えています。

■ MaaSと西鉄

西鉄がこのようにバス路線網を見直しているタイミングに、トヨタ自動車の未来の移動を検討する部署から声を掛けられました。**クルマ以外の移動手段を組み合わせて外出を誘発する、プロジェクトの連携**の話です。これが次節で紹介するMaaSアプリ「my route(マイ ルート)」の西鉄とトヨタの連携の始まりです。

経営難に直面するバス会社では、西鉄のような動きは難しいかもしれません。しかし、西鉄の先行的な活動の実績が積み重なり、他社でも使えるシステムが出来上がってくれば、他のバス会社もMaaSに取り組みやすくなることでしょう。

トヨタのモビリティサービス 「my route」

■ 社会インフラの視点でマイカーを捉える

第5章で紹介したように、自動車メーカーもMaaSに注目しています。なかでも、日本ではトヨタがもっとも積極的な姿勢を示しています。トヨタの主なMaaSに関する動きは3つあります。

❶ MaaSアプリ「my route」
❷ ソフトバンクとトヨタの共同出資で設立されたMONET Technologies
❸ MaaSやCASEの実証実験都市「Woven City」

ここでは❶MaaSアプリ「my route」を紹介します。

クルマも移動手段の1つ

my routeは公共交通（バス、鉄道、地下鉄など）、クルマ（タクシー、レンタカー、マイカーなど）、自転車、徒歩など、あらゆる移動手段の検索、予約・決済を統合しています。MaaSは公共交通と次世代モビリティサービスの組み合わせですが、**自分で購入して所有するクルマ（マイカー）も含めて考えている**ところが、やはり自動車メーカーであるトヨタのユニークな点です。またmy routeでは観光客向けではなく、日常的に使う地域住民を対象にしています。

主な機能はルート検索、予約・支払い、お出かけスポット情報、バスなどの運行のリアルタイム情報です（**図6-7-1**）。筆者（楠田）は、福岡でmy routeを使ってみました。操作性やデザインがよく、これなら愛されるアプリになると直感的に感じました。

図6-7-1 トヨタが手掛ける「my route」の機能

出典：App Store（https://apps.apple.com/jp/app/id1437356534）より引用

■ 人の移動を増やしたい

　このアプリはトヨタ未来プロジェクト室が企画・開発しました。未来プロジェクト室には、2030年に向けて、トヨタがどんなビジネスやサービスをすべきかを考えるミッションがあります。

　トヨタをはじめ**移動手段の業界が抱える問題は、人々の移動する量が昔より減ってきていること**です。人々が移動したいという需要があり人々がたくさん移動することにより、経済が循環したり街が活性化する、というサイクルが成り立ちにくくなっています。この問題を解決するために、未来プロジェクト室では「**人の移動を増やす**」ことを目的に、数多くのアイデアを企画して開発することに何年も取り組んでいます。my route も 2014 年頃に生まれた、そのうちの1つのサービスです。

　したがって、未来プロジェクト室は MaaS を作ろうと思って my route を企画したわけではないため、実は現在でも彼らは my route を MaaS アプリと呼んでいません。

実証実験を経て、全国展開へ

　2018年末からの福岡での実証実験を経て、2019年11月28日に福岡市と北九州市で待望の本格的なサービス開始を果たしました。2020年春頃から水俣市、宮崎市、日南市へ、さらには横浜へとサービスを広げます。このように、**九州のみならず全国へと拡大**する動きが始まっています。

　トヨタが大株主の携帯電話キャリアKDDIとも連携しました。2020年1月16日からauスマートパスとauスマートパスプレミアム利用者を対象に「**my route for au**」の提供を開始しています（**図6-7-2**）。auスマートパスとauスマートパスプレミアムは、月額約400円でゲーム、音楽、映画、仕事効率化など500種類以上の有料・無料アプリが楽しめるサービスで、auショップでスマートフォンを購入する際に店員に勧められて加入する人が多いようです。トヨタディーラーの中には、auのスマホを扱っている店舗もあり、my routeに興味のある店舗もあるでしょう。また、いくつかの乗換検索アプリは、携帯キャリアと組んで、新規申し込みのスマホの画面にインストールされて提供され、広まったものもあります。my routeの地域のコンテンツ次第で、さらなる拡大が見込まれることでしょう。

図6-7-2 「my route」の2020年1月16日からの連携体制

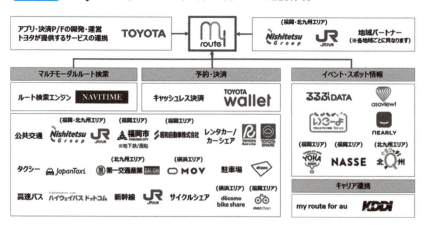

出典：トヨタ自動車ニュースルーム（https://global.toyota/jp/newsroom/）より引用

my routeの誕生を支えた西鉄

　なぜmy routeがサービス開始までたどり着くことができたのでしょうか。トヨタ未来プロジェクト室によると、前節で紹介した西日本鉄道（西鉄）との運命的な出会いがあったからなのだそうです。MaaSやモビリティサービスを展開する際のポイントとして、同室の室長代理の天野成章氏は「西鉄さんのような、福岡の交通を担うのは西鉄だという強い"責任感"、福岡の足を奪うわけにはいかないという"気概"が大切」と話します。

　新しいサービスを生み出す際には、不動の思い、実現のために自らが新しいことにチャレンジして変わっていくことが大切なのだと感じました。

「経路検索」開発企業の動向

■ 世界に誇れる日本の経路検索技術

　欧州では、鉄道事業者が自ら経路検索システムを運用している場合が多くあります。これは前述したように（→P.41）「運輸連合」方式で1国1事業者、1都市1事業者という体制になっていることが大きく、**交通事業者が細分化した日本では、事業者が運営する全国規模の経路検索システムはありません**。バスもまた多くの事業者が混在しているため、情報収集が難しくなりがちです。

　そこで活躍しているのがSection2-5でも触れた**経路検索サービス**です。「Yahoo!路線情報」の検索エンジンも担っている「**駅すぱあと**」のヴァル研究所、「**乗換案内**」のジョルダン、「**NAVITIME**」のナビタイムジャパンなどがあります。いずれも世界に誇れる技術を持つ企業です。

　これらの企業は、交通事業そのものは行っていません。**各事業者から情報を集め、個人や法人に対して最適な移動経路を提案するビジネス**を行っています（図6-8-1）。

　当初は鉄道のみで、その後バスも網羅するようになりましたが、MaaSの影響を受けてタクシー、自転車シェア、徒歩などの移動手段を組み合わせ、目的地までの最適解を提供する取り組みも始まっています。

　ここではヴァル研究所とナビタイムジャパンを紹介します。

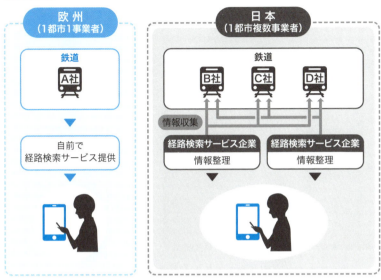

図6-8-1 欧州と日本の交通事業者と経路検索サービス事情

欧 州
（1都市1事業者）

鉄道
A社

自前で
経路検索サービス提供

日 本
（1都市複数事業者）

鉄道
B社　C社　D社

情報収集

経路検索サービス企業
情報整理

経路検索サービス企業
情報整理

日本は1都市でも複数の交通事業者がいるため、その経路情報を横断して利用者に提供する専門企業が発達した

■ MaaSアプリとの連携も活発

ヴァル研究所

　経路検索開発企業のなかで、もっとも MaaS に熱心と思われるのが**ヴァル研究所**です。駅すぱあとのサービスを 1988 年から提供してきた経験を活かし、JR 東日本と東急による静岡県伊豆の観光型 MaaS 「**Izuko**」（➡ P.193）、小田急電鉄の「**EMot**」（➡ P.172）、「**JR 東日本アプリ**」（➡ P.165）の開発に協力するなど、裏方でしっかり MaaS を支えています。

　MaaS では公共交通に自転車や自動車のシェアリングなど新しいモビリティサービスが加わることも特徴になっています。ヴァル研究所ではこうした状況に合わせ、公共交通と自転車シェアを組み合わせた経路検索が行える「**mixway**」を開発しています（**図6-8-2**）。また、札幌市の自転車シェア「**ポ**
ロクル」、日本最大の自動車シェア「**ドコモ・バイクシェア**」ほか、全国の自転車シェアサービスと連携しています。

図6-8-2 公共交通と自転車シェアが検索結果に出るMaaSアプリ「mixway」

出典：ヴァル研究所公式ウェブサイト（https://mixway.ekispert.net/）より引用

ナビタイムジャパン

　一方のナビタイムジャパンでは、当初から複数の移動手段を組み合わせた経路検索をコア技術としてきました。移動に関する情報を統合し、移動に要する手間を省いて有益な時間を生み出せるかというテーマに長年向き合ってきました。

　「NAVITIME」の「トータルナビ」機能では、マイカー・徒歩・自転車などの「道路の経路検索」と鉄道・バス・飛行機などの「公共交通の経路検索」を組み合わせて一度に検索し、最適な経路を提示することができます。さらに最近では、ルート検索をしたアプリから直接、自転車シェアの予約やタクシー配車もできます（**図6-8-3**）。前節で紹介した **my route** にもその経験が活かされています。

　今後の進化の方向性について同社は、点・線・面の3つのビジョンを掲げています。「点」は住居・ホテル・オフィス、「線」は定期券やフリーバス、「面」は住民税や都市1日フリーパスを表しており、それぞれのシーンに新

図6-8-3 **トータルナビは「道路検索」と「公共交通の経路検索」を同時に行う**

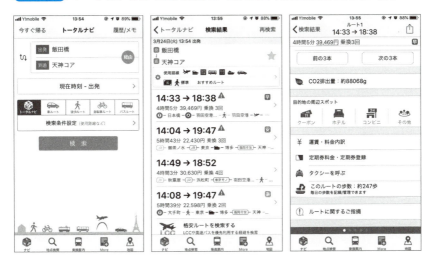

しいモビリティサービスが含まれるビジネスモデルを提案していくとしています。

　自治体や不動産業者などの協力も必須となりますが、モビリティとまちづくりは一体で考えるべきであり、モビリティサービスの充実によって都市の賑わいや地方の活性化をバックアップしていきたいという姿勢は共感できるものです。

レストランやショップとの連携に期待

■ 他業種で進むモビリティ連携

　モビリティとは移動のしやすさのことであり、本来の意味からすれば、目的地で買い物や食事をすることは含まれません。しかし移動の目的のひとつとして買い物や食事があるのは確かであり、**MaaSにおいてこうしたメニューを含めたり他業種との連携を進めたりしていくことは、利便性や快適性を高めることにつながります。**

　旅行業界ではホテルと飛行機やバス、レンタカーをツアーとして一括予約・決済が可能になっており、この点ではシームレス化が進んでいます（例：「じゃらん」、「楽天トラベル」、「JTB宿泊予約」など（**図6-9-1**））。

図6-9-1　旅行会社のツアー案内

13:20

-10%

会員向け価格

富士山１日バスツアー：4D フライト体験 - 富士飛行社

¥13,000 ¥11,700/大人１名

4.4/5 - 素晴らしい　　　79 件の口コミ >

✓ キャンセル手数料無料
● 所要時間：9 時間 20 分
■ E-バウチャー (印刷不要)

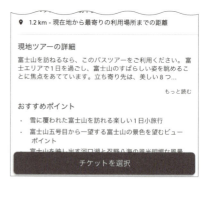

📍 1.2 km - 現在地から最寄りの利用場所までの距離

現地ツアーの詳細
富士山を訪ねるなら、このバスツアーをご利用ください。富士エリアで１日を過ごし、富士山のすばらしい姿を眺めることに焦点をあてています。立ち寄り先は、美しい８つ...

もっと読む

おすすめポイント

・　雪に覆われた富士山を訪れる楽しい１日小旅行
・　富士山五合目から一望する富士山の景色を望むビューポイント
・　富士山を映し出す河口湖と忍野八海の風光明媚な風景

チケットを選択

「Expedia」アプリのツアー案内

図6-9-2 異なるアプリが連携してルート検索もできる

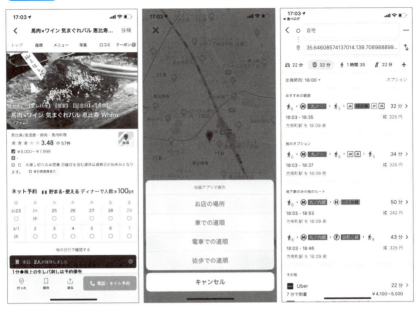

「食べログ」アプリから地図アプリ「Google マップ」が連携する

　一方、都市部のレストランやショップについては、分野ごとに特定した検索アプリが多数あります（飲食分野の例：「食べログ」、「ホットペッパーグルメ」、「ぐるなび」など）。一部のアプリは他のアプリとの連携で、目的地までのルート検索ができます。他の業種でモビリティをメニューのひとつに取り込む動きが進んでいるのです（**図6-9-2**）。

　では交通事業者はどうでしょうか。この章の最初で紹介しているように（→P.154）、**日本の公共交通は多くが民間事業者により運営されている**という、先進国ではかなり異例の状況です。しかし昔から民間事業であることを活かして**沿線で住宅開発や商業施設・観光施設の建設を行い、利用者増加につなげていくというビジネスモデル**が存在します。

　これらをアプリによって連携させ、例えば鉄道で都心のレストランに行く際に列車時刻とレストラン予約時間を連携させたり、会社から帰宅する際に沿線にある自宅のエアコンを帰宅予定時間に合わせて作動させたり、さまざまな可能性が予想できます。

■ 日本の得意分野のひとつ

　観光分野では次の第7章で詳しく紹介しますが、JR東日本と東急が中心となって伊豆地方で実証実験を進めている「Izuko」において、28カ所の観光施設でデジタルフリーパスを見せると割引が受けられるメニューを用意しました（➡P.193）。今後はデジタルパスそのものに観光施設のチケットを含む方向への発展が想像できます。

　自動車メーカーでは前に紹介したように、日産自動車とDeNAが共同で行っている自動運転ライドシェアの実証実験「Easy Ride」で、移動ルート周辺の観光地やイベント情報などが目の前のタブレット端末に示され、レストランなどで使えるお得なクーポンも用意していました（➡P.146）。

　一方、Section4-6で紹介した台湾では、台北でリリースした「UMAJI（遊・買・集）」が、リアルタイムでの公共交通情報と道路交通情報を統合し、スマートな経路検索とオンライン決済を実現しただけでなく、中華電信が提供しているHami Pointに対応しています。

　欧米では公共交通は公的組織が一元的に管理することが多いので、JR各社の前身である旧国鉄がそうだったように、輸送以外の分野に進出することはあまりありません。しかし、日本では**交通事業者の多くが民間であり、レストランやショップ関連のアプリが発展している日本がこの分野で有利**なことは間違いなく、その優位性を活かした発展が期待できます。

第7章

日本オリジナルの
観光型MaaS

日本が世界をリードしているMaaSの分野があります。観光型MaaSがそれで、民間企業による交通事業運営という特性を活かし、各地で導入が進んでいます。

観光型MaaS導入と共にすべきこと

■ 日本発祥の観光型MaaS

フィンランドがMaaSを導入した理由のひとつとして、首都ヘルシンキの交通問題解決のためのモビリティサービスの質向上がありました。しかしモビリティは都市内移動のためだけに存在しているわけではありません。私たちが休日に足を運ぶ地方の観光地にもさまざまな乗り物が走っています。

ところが観光地のなかには、乗り物同士の連携が悪い地域もあり、それが人々の足を遠ざける原因になっていたことも事実です。そこで**MaaSの概念を、観光地での回遊性向上に役立てよう**という動きが出てきました。これが「**観光型MaaS**」です（**図7-1-1**）。

図7-1-1 観光地の交通問題、観光の利便性をMaaSと結びつけた「観光型MaaS」

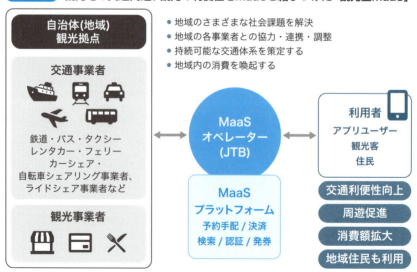

自治体(地域)
観光拠点

交通事業者

鉄道・バス・タクシー
レンタカー・フェリー
カーシェア・
自転車シェアリング事業者、
ライドシェア事業者など

観光事業者

● 地域のさまざまな社会課題を解決
● 地域の各事業者との協力・連携・調整
● 持続可能な交通体系を策定する
● 地域内の消費を喚起する

MaaS
オペレーター
(JTB)

MaaS
プラットフォーム
予約手配 / 決済
検索 / 認証 / 発券

利用者
アプリユーザー
観光客
住民

交通利便性向上
周遊促進
消費額拡大
地域住民も利用

出典：JTB広報室ニュースリリース（https://www.jtbcorp.jp/jp/）を元に作図

この考えを最初に提案したのは、次節で紹介する静岡県伊豆のIzukoの開発に関わった**東急**（当時は東京急行電鉄）と言われています。2018年9月にデンマークのコペンハーゲンで開催された第25回ITS世界会議で構想を発表し、現地でも大きな反響を集めました。

　公的組織が公共交通を管轄することが多い欧州とは対象的に、**日本は民間企業が交通サービスを提供してきたことから、利用者獲得のために自ら観光事業に乗り出す例が多く見られます**。

　神奈川県箱根では、小田急電鉄のグループ会社が登山鉄道・バス・遊覧船・ロープウェイなどを運行しています。富山地方鉄道ではグループ会社の
立山黒部貫光が、立山黒部アルペンルートのバス・トロリーバス・ケーブルカー・ロープウェイを運行しています。両グループともホテルなどの施設も営んでいます。

　日本の都市交通は前に書いたように、複数の事業者が競合する状況が一般的ですが（➡P.170）、**観光地では上記のように、単一グループが手掛ける地域が多くなっています**。そのためモビリティサービスを統合しやすいという利点があります。

　加えて後述する通り（➡P.203）、我が国の**多くの観光地では以前からフリーパス、フリーきっぷなどの企画乗車券が存在していました。これをデジタル化すれば観光型MaaSになる**のです。

■観光型MaaSのポイント

　観光型MaaSの取材を通じて、大切だと感じるのは以下の点です。

❶ 観光資源の質を高めること
❷ 関係者が共有できるゴールがあること
❸ 多くの利用者に共感をもたらすこと
❹ 観光資源と移動・宿泊をあわせて感動体験や思い出づくりまでをプロデュースすること
❺ 観光資源・移動・宿泊など全コンテンツの質を向上させるPDCAサイ

クルを回していくこと

❻ マーケティングやプラットフォームビジネスに長けた企業と協働でシステムを開発していくこと

いずれにおいても強固な組織体制の構築が大事になります。もっとも時間や労力を要するのがこの点でもあります。

前述のように、交通事業者は同一グループということもありますが、商業施設はそうではない場合も多く、当然ながら地元の自治体も関わってきます。長い間、同じ地域で生活をしているからこそ、しがらみが多く存在します。デジタル技術など新しいものに対する抵抗感が強く、現状維持を好む人が多いという話も多く聞きます。

以前から観光キャンペーンを展開している組織やイベントがある地域では、その開催期間が決まっているため、組織が団結しやすく意識を共有しやすい傾向にありますが、そうではない場合、熱意をもって地域の関係者を調整してくれる人がいるかどうか、そのような人と出会えるかどうかが明暗を分けると考えています。

観光客はもちろん地域住民への配慮も必要

外国人観光客への配慮も大切です。一部の観光地は以前から対応していましたが、一方で鉄道駅やバス停留所の名称、表示、乗車方法などが、地域住民を対象とした仕様となっている場所も多くみられます。そのため海外からの来訪者からはわかりにくいという声が聞かれます。

MaaS導入に際しては同時に、**外国人観光客でも快適に使えるようなデザインやフォーマットとすること**が大切です。これは一種の**ユニバーサルデザインであり、地域住民にとっても使いやすい存在になる**はずです。

観光客は地域住民とは違って短期利用がほとんどであり、しかも時期によって需要に大きな変動があります。ゆえに観光客のみをターゲットとするのではなく、地域住民にとっても有益な内容を盛り込み、双方から見て有益なサービスとすることが重要になります。

「観光型MaaS」のパイオニア
観光地の仕組みを新創する東急 伊豆半島の「Izuko」

■ 観光地内での移動の不便さ

Section6-2で紹介した「住み続けられる沿線づくり」に加え、東急は観光地でもMaaSに取り組んでいます。**東急が観光型MaaSに取り組む理由は、観光地の多くが移動に関する問題を抱えている**からです。

クルマで観光地をめぐる場合は、不自由さが少ないかもしれません。しかし、**クルマを使わない場合は、鉄道やバスで目的地までたどり着いたとしても、そこから他の名所までの移動手段が見つからず、困ってしまう**場合が多いのではないでしょうか。また、路線バスが走っていたとしても、初めて訪れる地域で路線バスに乗るのは一苦労です。乗り場はどこか、どこで下車すればよいのか、運賃はいくらなのかもわからなかったり、1時間に1本しかないため怖くて乗れなかったり、たまたま現金が財布にない場合もあるなど、簡単ではありません。

このような状態になっている背景には、**クルマ（マイカーやレンタカー）での観光が流行り公共交通が衰退してしまった**ことや、**公共交通を支える会社の経営者やドライバーの高齢化**などが挙げられます。活力を失ってしまった観光地では、新しい動きもなかなか行えず、さらに衰退する傾向にあります。このような状況は多くの観光地が抱える共通の問題です。

東急はこのような観光地が抱える共通の問題を解決し、観光地の仕組みを新創するために、観光型MaaSを率先して推進しています。

■ 日本初の観光型MaaS「Izuko_{イ ズ コ}」

まず東急が観光型MaaSに取り組んだ地域は静岡県の伊豆半島です。

2019年のJRグループの「静岡デスティネーションキャンペーン」に合わせて「**伊豆における観光型MaaS実証実験実行委員会**」を立ち上げて環境を整えました。そして、実証実験を2019年の前半をフェーズ1、2019年後半をフェーズ2の2つの期間に分けて実施しました。

図7-2-1 伊豆における観光型MaaS「Izuko」（フェーズ1）

選んで、購入し、見せるだけの3ステップという簡単さ　　　　　　　　（著者撮影）

　フェーズ1では、日本初の観光型MaaSアプリ「**Izuko**」を短期間で生み出したことで話題を呼びました（**図7-2-1**）。Izukoでは、経路検索、予約、決済、ある一定地域が乗り放題となるデジタルフリーパスの販売などの機能を組み込みました。また地域住民も利用できるAIオンデマンド乗合交通のサービスを伊豆半島の南端の伊豆急下田駅周辺で実施しました。しかし、**フェーズ1では観光客や地域住民にMaaSアプリをダウンロードさせるハードルの高さが浮き彫り**になりました。

利用者の利便性を考えた改善

　そこで**フェーズ2ではIzukoの基幹部分をウェブブラウザに切り替え**ました。また地域住民向けに、**家庭のテレビを活用してAIオンデマンド乗合交通を呼び出せる**ように工夫しました。さらにデジタルフリーパスの数をフェーズ1のIzukoワイド、Izukoイーストの2種類から、Izukoグリーン、Izukoプチなど計6種類に増やし、AIオンデマンド乗合交通の停留所を27カ所（フェーズ1では16カ所）にするなどサービスを拡充させました（**図7-2-2**）。

図7-2-2　**Izukoのデジタルフリーパスエリア（フェーズ2）**

●：路線バス 乗り放題エリア

フェーズ2からはJR伊東線（熱海駅から伊東駅）もフリーパスエリアに加わった
出典：東急ニュースリリース（https://www.tokyu.co.jp/company/news/2019/）をもとに作図

　Izukoは、公共交通や観光施設のデジタルチケットが、同じ画面からすべて「選ぶ・買う・見せる」の3ステップで使用できます。そのスマホの購入画面を見せることで、公共交通に乗れたり、観光施設に入れたりします。現金で運賃を用意するわずらわしさや、観光施設で列をなして並ぶことから解放されて、より観光を楽しむことができるようになりました。現在はフェーズ2の実証実験も終了しています。

外国人旅行者向けアプリを展開

JTBが考える 観光型MaaSとは

■ 旅行会社のデジタル化

インターネットやスマートフォンの普及により、多くの業界でビジネススタイルが大きく変わりました。それは旅行業界においても例外ではありません。

これまで旅行会社は、**実店舗を構えて紙のパンフレットを置き**、観光地までの公共交通や現地の宿泊施設などの予約・決済を代行することがビジネスの主軸でした。現在でもシニア世代を中心に根強い需要があります。

しかし近年、「楽天トラベル」や「トリップアドバイザー」など、**実店舗を持たずインターネットのみでビジネスを展開する旅行会社**が出現し、一方で交通事業者のオフィシャルサイト上でも予約・決済が可能になりました。こうした動きは既存の旅行会社にとって大きな脅威となります（**図7-3-1**）。

図7-3-1 無店舗型旅行会社と交通事業者のインターネット予約決済サービス

左：「楽天トラベル」https://travel.rakuten.co.jp/
右：JR東日本「えきねっと」https://www.eki-net.com/travel/

従来の旅行会社の店舗はおおむね人口に比例した展開であり、大都市には数多く存在するのに対し、地方では一県あたり片手で数えられる程度という地域もあります。インターネットではこうした地方格差が解消されるというメリットもあります。

　こうした動向に従来からの旅行会社も対応しています。日本の旅行会社の代表格であり、2018年売上高トップの**JTB**は、かつては窓口販売を主力としていましたが、近年はデジタル化も進めています。例えば2018年には、「ナビタイムジャパン」および「日本マイクロソフト」と共に外国人旅行者向けの観光支援スマートフォンアプリ「**JAPAN Trip Navigator**」を開発し、提供開始しました（**図7-3-2**）。

　アプリには**英語によるガイド機能、観光モデルプランの提供、自分だけの観光プラン作成機能**などが備わっています。JTBでは、この**アプリで得られた外国人旅行者の移動データ、嗜好データなどを収集分析し、自治体や企業への支援に活かしていきたい**としています。

　さらに2019年には、このJAPAN Trip Navigatorが日本美食と連携し、訪日外国人向けレストランオンライン予約サービスを提供すると共に、タクシー配車アプリJapanTaxiと連携し、マイクロソフトのAIを活用した画像翻訳機能、チャットボットによる経路検索と天気お知らせ機能を新たに追加しました。

図7-3-2 訪日外国人旅行者向けMaaSアプリ「JAPAN Trip Navigator」

英語によるガイド機能、観光ルートの作成や経路検索機能も持つ

出典：App Store
（https://apps.apple.com/jp/app/japan-trip-travel-guide-chat/id1340750911）

■ JTBのMaaSに向けた取り組み

　一方、2020年にJTBは、以下の企業と共に、東京都事業「自動運転技術を活用したビジネスモデル構築に関するプロジェクト」に基づき、空港アクセスバス、自動運転タクシー、自動運転を連携させる実証実験を行いました。

　実施主体は、空港アクセスバス運行に関わる「東京空港交通」と「東京シティ・エアターミナル」、タクシー会社の「日本交通」および「日の丸交通」、不動産デベロッパーの「三菱地所」、自動運転開発で知られる「ZMP」です（**表7-3-1**）。

表7-3-1 「空港から丸の内店舗までのMaaS実証実験」参加企業

実証実験主体企業	担当サービス
東京空港交通	空港アクセス(空港リムジン)
東京シティ・エアターミナル	
日本交通	タクシー
日の丸交通	
三菱地所	不動産デベロッパー(施設運営)
ZMP	自動運転開発
JTB	MaaSに適応した旅行サービス化検討・販売

出典：ZMP「空港から丸の内店舗までのMaaS実証実験」
　　　（https://www.zmp.co.jp/event/zmp-maas2019）を元に作図

表7-3-2 空港リムジンバスと連携した都心部での自動運転サービス

自動運転技術	内容
自動運転タクシー走行ルート	丸の内パークビル（東京都千代田区）－東京シティエアターミナル（東京都中央区）間（約3km）
自動運転タクシー車両	ミニバンタイプ（ZMP RoboCar® MiniVan）2台
自動運転モビリティ走行ルート	丸の内パークビル敷地内及び丸の内仲通りの一部（予定）
自動運転モビリティ	一人乗り自動運転モビリティ（ZMP Robocar® Walk）
成田空港発着旅行代金	成田空港－丸の内パークビル　一人あたり　3,800円（税込）
羽田空港発着旅行代金	羽田空港－丸の内パークビル　一人あたり　1,600円（税込）
自動運転タクシー料金	T-CAT－丸の内パークビル（自動運転タクシーのみ）1,000円（税込）＋200円（旅行業務取扱料金）：合計1,200円

出典：前掲

図7-3-3 空港からラストワンマイルまでの移動サービス

自動運転モビリティ　　　　自動運転タクシー　　　　空港リムジンバス

丸の内　　　　　丸の内　　　　　　東京シティ　　　　成田空港
仲通り　　　　パークビル　　　　エアターミナル　　　/羽田空港

スマートフォンで複数交通手段を利用

出典：前掲より引用

　空港からラストワンマイルまでの移動サービスを一括して提供する取り組みであり、MaaSの概念に当てはまる内容です（**表7-3-2、図7-3-3**）。

　ウェブサイトから応募して抽選により選ばれた参加者は、スマートフォンアプリなどで予約を行い、アプリを用いて各モビリティに乗車しました。JTBではこの連携サービスを通じて、MaaSの概念に適応した新たな旅行サービスの商品化に関する検証を行ったとのことです。

　すでに旅行会社のアプリでは、飛行機やホテルの予約・決済は当然のように行われています。JTBでは今後、**空港や駅から観光地までのモビリティサービスをMaaSとして提供**していくことで、多くの旅行者に移動による感動をもたらしていきたいと考えているようです。

移動をあきらめない世界を構築する
ANAのUniversal MaaS

■ 移動躊躇層のためのMaaS

　2019年9月の敬老の日に合わせて、総務省が発表した65歳以上の高齢者の人口は推計3,588万人で、総人口に占める割合が28.4%になりました。いずれも過去最高の数値で、2位のイタリアの23%を大きく上回りました。ここに何らかの障害を持つ人を合わせると、その数は全人口の3割に上る約4,000万人にも及びます。

　最近はアクティブシニアという言葉に代表されるように元気な高齢者が目立ち、行動派の障害者も多くなってきたと感じます。しかし一方で、**自分で思うように外出できず、外出のために他人の手を借りるのは申し訳ないと思う人**、いわゆる**移動躊躇層**は約800万人に上ります。

ユニバーサルデザインに基づくMaaS

　残念ながら日本では、こうした移動躊躇層に対する社会的受容性が欧米より遅れています。対する新興国では、これから高齢化社会を迎える国が数多くあります。**ANA（全日本空輸）**ではこの移動躊躇層こそさまざまな課題を抱える人々と捉え、2019年にユニバーサルデザインに基づく総合的な移動サービス「**Universal MaaS ～移動をあきらめない世界へ～**」を提唱しました（**図7-4-1**）。

　ユニバーサルデザインは1980年代、自身も障害者だった米国の大学教授ロナルド・メイス氏によって提唱されました。それまで一般的に使われてきたバリアフリーが、対象を障害者に限定していたのに対し、**ユニバーサルデザインは障害の有無だけでなく、年齢・性別・国籍の違いに関わらず多くの人が使いやすいデザインにする**ことを目指します。また**バリアフリーには既**

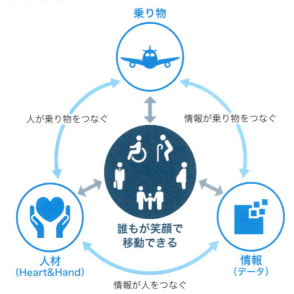

図7-4-1 ANAが提唱するUniversal MaaSの考え方

乗り物

人が乗り物をつなぐ　　　情報が乗り物をつなぐ

誰もが笑顔で
移動できる

人材
(Heart&Hand)　　　情報が人をつなぐ　　　情報
(データ)

出典：ANA「ユニバーサルデザインに基づく総合的な移動サービス
『Universal MaaS』の産学官共同プロジェクトを開始します」
（https://www.anahd.co.jp/group/pr/201906/20190627-3.html）を元に作図

存の障害を取り除くという意味も含まれるのに対し、**ユニバーサルデザイン
には最初から多様性を盛り込んで作る**という違いもあります。

■ユニバーサルデザインとしてのMaaS

　ANAはこれまで、空港から空港までの移動を中心にサービスを提供して
きましたが、Universal MaaSでは出発地から目的地までの事業者が連携す
ることで、**移動躊躇層が自らの力であきらめずに不安なく移動できる社会
を、産学官連携で創る**ことを目指しています。
　そのためにはユニバーサルデザインに基づく新たな移動サービスを構築す
ることが重要だと考え、乗り物の連携や情報面の構築にとどまらず、**人中心
の考え方に基づいて人材育成にも力を入れ**、誰もが笑顔で移動できる社会を
目標に据えています。

第
7
章

横須賀リサーチパーク（YRP）での試み

　2019年6月に、ANA、京浜急行電鉄（京急）、横浜国立大学（横国大）、神奈川県・横須賀市の4者で、産官学共同プロジェクトの開始を発表しました。詳しくはSection8-4（➡P.222）で紹介しますが、すでに横須賀市ではヨコスカ×スマートモビリティ・チャレンジ「**スカモビ**」を展開しており、京急、横国大と共に移動課題に取り組んでいます。

　Universal MaaSで具体的に取り組むこととしては、以下の4点を挙げています。

❶ **データ連携**
❷ **最適な移動手段の提供**
❸ **インフラ整備（心、手助け、設備）**
❹ **お出かけの動機づけ**

　これらを通して移動を躊躇させる要因を解消できるような仕組みを作っていくとのことです。

　ANAでは2019年7月にMaaS推進部を新設しました。Universal MaaSはこの新しい部署で展開することになるでしょう。さらに同年8月にはJR東日本と連携してMaaSに取り組むことを発表しており、2020年6月頃からはJR九州、西鉄などと協力し、トヨタ自動車が開発したMaaSアプリ「**my route**」を使い、宮崎県と大分県で観光型MaaSの実証実験を開始すると発表しています。

今後の日本で発展が期待できる分野
観光フリーパスの
デジタル化

■観光型MaaSの原石がいっぱい

　日本の鉄道事業者は前に紹介したように、多くが民間企業となっています。ゆえに**鉄道事業以外に、住宅地や観光地の開発などを積極的に行ってきた**ことにも触れました（➡P.155）。

　その過程で多くの鉄道事業者が提供するようになったチケットに、**フリーパス、フリーきっぷなどと呼ばれる企画乗車券**があります。観光地への往復の鉄道や現地でのバスなどのチケットをひとつにまとめたもので、観光施設の入場券や食事券が含まれたものもあります。有効期間は1〜3日間が多くなっています。

　ただし多くの場合、パスの形態は紙の乗車券で、駅や旅行代理店の窓口で購入することになります（自動券売機対応もあります）。さらに鉄道事業者そのものが観光開発に関わってきたために、利用できるのは一般的に、同じ企業グループ内の鉄道やバスに限られています。

　パンフレットを見ただけでは便利に感じるかもしれませんが（**図7-5-1**）、**MaaSの概念を導入することでスマートフォンでの購入と決済が可能になります。シームレス化によって観光地内のすべての鉄道やバスも自由にすることができる**ようになれば、さらに使えるパスになると思う人も多いでしょう。

　駅や旅行代理店の窓口は混んでいることが多いという印象です。オンラインでチケットが購入可能なら瞬時に購入決済できます。事業者にとっても、外国人観光客のために外国語に堪能なスタッフを窓口に置かなくてもよくなります。アプリで外国語対応をしておくだけです。

　観光型MaaSとしては、すでにJR東日本と東急のIzukoを紹介しましたが（➡P.193）、その前からこの分野に挑戦しているのが、高速バスの運行で

図7-5-1　フリーパスのパンフレット

小田急トラベルが提案する箱根フリーパス
出典：小田急トラベル

有名な**WILLER**<ruby>ウィラー</ruby>です。こちらについては次節で詳しく解説します。

　最初に書いたように、日本には多種多様な観光フリーパスが存在していま
す。これらが今後、MaaSアプリに進化していく可能性は十分に考えられる
ことであり、各事業者がより良いサービスを開発することで切磋琢磨しなが
ら発展していくことを期待しています。

国内だけでなく海外へも進出
日本のバス会社の取り組み

■ 海外へ展開するバス会社も

バス会社でもMaaSの取り組みが始まっています。

例えばトヨタ自動車が自社のMaaSアプリ「**my route**」の実証実験パートナーに選んだ「**西日本鉄道**」、マーケティングを強みとする「**WILLER**」、東北地方のバスの再生を進める「みちのりホールディングス」、兵庫県の全域のバスを担っている「神姫バスグループ」（MaaSアプリ「PassRu」）です。ここではWILLERを紹介します。

WILLERは2019年8月末時点で日本全国22路線292便を運行し、年間309万人が利用する**国内最大手の高速バス会社**（2006年より運行を開始）で、バス業界に変革をもたらしたことで有名です。しかし、WILLERは高速バスにとどまりません。得意とするマーケティングの強みを活かして、チャレンジを続けています。2014年に京都北部の京丹後鉄道の運行部分を引き受け**鉄道事業（WILLER TRAINS）に参入**し、**ベトナム、シンガポール、台湾にも現地の企業と連携しながら事業を展開**しています（図7-6-1）。

図7-6-1 バスだけでなく鉄道事業や海外展開にも積極的

高速バスの運行・予約だけでなく、さまざまなツアーを用意している
出典：WILLER公式ウェブサイト（https://travel.willer.co.jp/）より引用

総合移動ポータルサイトも自社運営

またバスや鉄道事業のみならず自社で「移動ポータルサイト」も運用しています（**図7-6-2**）。サイト内で日本全国の高速バス、フェリー、タクシー、鉄道、ホテルのすべての予約決済が可能です（バス会社数96社、船会社数37社、タクシー13社、ホテル数18,000軒。年間15万人の訪日外国人が利用し、そのうち約5割がアジアから）。

図7-6-2 自社運営の移動ポータルサイト

右上のメニュー（三本線のアイコン）をクリックすると、他社を含んだ移動ポータルサイトが表示
出典：WILLER公式ウェブサイト（https://travel.willer.co.jp/）より引用

■MaaSアプリ「WILLERS」と海外での展開

MaaSに関しても国内外で展開しています。

同社は2018年北海道の道東地方で、「**Eastern Hokkaido Nature Pass（ひがし北海道ネイチャーパス）**」と名付けた**観光デジタルフリーパス**の展開を始めました。

同パスはまず2018年9〜10月に向けて、JR釧網本線釧路〜網走駅間2日間乗り放題券、摩周湖・硫黄山を巡るレストランバス、知床を探検する路

線バス1日乗り放題券＆定期観光バス1回乗車券をセットで提供しました。続いて翌年2〜3月利用分として、「Eastern Hokkaido Nature Pass 2019 Winter」と銘打ち、鉄道フリーパスやバス乗車券、観光施設やレストランなどの割引券に、流氷観光砕氷船の乗船券あるいは流氷ウォーク利用券を含めた2種類のパスを販売しました。

　さらに2019年には、7〜10月に使える「Eastern Hokkaido Nature Pass」を5〜10月の半年間販売。3日間プランと4日間プランがあり、JR釧網本線フリーパスと路線バス・観光バスの乗車券に加え、追加で選べるモビリティやアクティビティとして、トヨタの超小型モビリティ「i-ROAD」、釧路湿原カヌー、ホーストレッキングなどが用意されていました。

　予約はすべてWILLER オフィシャルサイト内特設ページで行い、購入後にスマートフォンで取得した電子クーポン画面を指定された窓口で提示する方法で利用されていました。

観光型MaaSアプリ「WILLERS」

　Eastern Hokkaido Nature Passで経験を積んだWILLERは2019年8月、以前から参入を表明していた観光型MaaSアプリ「**WILLERS**（ウィラーズ）」の提供を開始しました。日本では北海道道東地区と京都丹後鉄道沿線、京都府南山城村で展開しています（**図7-6-3**）。

図7-6-3 観光型MaaSアプリ「WILLER」の国内対象エリア

ひがし北海道エリア
4つの国立・国定公園を有し、広大な湿原や湖、動物との出会いなど、大自然を存分に体感できるひがし北海道

京都丹後鉄道沿線エリア
歴史を体感する絶景、あたたかい地元と触れ合い、美しい海と海の幸に出会える北近畿

南山城村エリア
三重県、滋賀県、奈良県と接する京都府唯一の村、宇治茶、煎茶の銘産地

得意とするマーケティングで、地域の観光コンテンツと移動を組み合わせた感動体験を提供
出典：WILLERS（https://travel.willer.co.jp/maas/）より引用

使用方法は、旅の出発地点と最終目的地、日時をまず設定したあと、ルート内で立ち寄りたい観光スポットや利用したい交通、宿泊したいホテルなどを追加します。これらをアプリ上で一括予約・決済でき、アプリ画面がチケット代わりになるというもので、MaaSと呼ぶにふさわしい内容です（**図7-6-4**）。

図7-6-4　**WILLERSではおすすめ周辺スポットも表示される**

全国の高速バスやフェリーの検索、対象路線での電車やバスのQRコードでの乗車が可能
出典：WILLERS（https://travel.willer.co.jp/maas/）より引用

アジアでもMaaSを展開

　また海外では、**ベトナムでタクシー配車アプリとライドシェア**を、**シンガポールで自動運転**を、**台湾でバスとタクシー**を展開しています。WILLERの担当者によると、MaaSの取り組みはアジアのほうが進んでいるとのことです。

第8章

日本ならではの地方型MaaS

MaaSは都市だけでなく、過疎化や高齢化が進行する地方にこそ有効です。いくつかの実例を紹介しながら、地方にこの概念が有効であることを解説します。

アプリ展開を目的としないために
地方型MaaS導入と共にすべきこと

■ MaaSには地方の課題解決のヒントがいっぱい

　人口減少や少子高齢化は、我が国では地方において特に深刻です。税収が落ち込む一方で住民の要求は多様化しており、**自治体が担うサービスは増大し、財政支出が市政を圧迫**しています。経済成長や人口増加の時代の思考から抜け出せず、現状を見据えた再構築ができていない都市もあります。

　地域の暮らしの足を支える交通事業者も苦しい経営状況が続いています。モータリゼーションの浸透と共に利用者が減り続けてきた**バスは、近年は高齢者の運転免許返納やマイカーに対する価値観の変化などにより底を脱していますが、ドライバー不足という新たな課題も浮かび上がっており、減便や廃止になるケース**も出てきています（図8-1-1）。

図8-1-1 地方が抱える交通・移動の問題

そのような課題を抱える地方が参考にしてほしいのがMaaSです。そこには日本の地方が抱える課題を解決するためのエッセンスが数多く含まれています。本章で紹介するように、すでに国内でもいくつか先駆的な事例が出てきています。

その反面、取材を通して感じるのは、MaaSは社会的に注目されているので何かしたい、とにかくアプリを作りたいという安易な考えも目立つことです。**MaaSは社会課題解決という目的を共有する仲間で動かしていく概念**です。確固たる思想と理解がなければ成し遂げられないでしょう。

■ 長期構想と挑戦の精神が大事

まずは地域全体で、5年後10年後のありたい姿を描きながら地域移動の目的共同体を構築することが重要です。**自治体と交通事業者、生活者が敵対するのではなく、地域課題を共有し良好な関係を構築しながらまちづくりを担っていく体制**を作りあげたいものです。

それと共に新しいことに挑戦していく精神も重要です。ここでは既存の公共交通が苦手としがちだった**マーケティングやカスタマーファーストの考え方**を取り入れていくこと、**デジタル技術を積極的に活用して移動サービスを最適化**することを挙げておきます。

デジタル技術についてはまず、それを使うことで何が可能となるかを当事者間で共有し、前に挙げた地域戦略を融合しながら目的共同体を作り動かしていける**人材の育成**、**データ活用による駅・バス停・道路整備などのハードウェア最適化**を進め、あらゆる人にとっての最適な移動と、持続可能な社会の実現を目指していきます。

インターフェイスについては、2020年初頭現在ではスマートフォンがメジャーですが、今後は顔認証など違った方式が一般化する可能性もあります。すべての人がスマートフォンを使っているわけではないことを考えれば、身体の一部をデバイスとして移動に活用するのは、ある意味で理想の姿かもしれません。

Section 8-2

Whim以外にもアプリは存在
フィンランドの地方型MaaS

■ アーバンとルーラルの違い

　本書ではMaaSを「都市型」「地方型」「観光型」の3つに分類して説明しています。

　MaaS発祥の地であるフィンランドの運輸通信省ではよりシンプルに、「**都市型（Urban）**」と「**地方型（Rural）**」の2つに大別しています。

　これは両国、というより日本と欧州では都市の構造が異なることに由来しています。**欧州は狭い地域に集まって住む集約型**、言い換えればコンパクトシティが一般的なのに対し、**日本は都市の発展と共に地域が拡大していった拡散型が主流となっているので、細分化が必要**になってくるのです。

　もっとも、人口減少局面では、税収が減る中で同じ範囲のゴミ収集や除雪などの市民サービスをこなすことが難しくなるので、近年は我が国でも一部でコンパクトシティへの取り組みが進んでおり、第2章で取り上げた富山市はその代表例となっています（**➡ P.47**）。

　フィンランドは国全体での人口は微増傾向ですが、地方では人口減少が深刻になっています。日本とさほど変わらぬ国土面積に対して人口は約23分の1であり、首都ヘルシンキの人口集中率は日本の首都圏に匹敵するというデータもあるので、地方の過疎状況は我が国以上ではないかと想像できます。

　都市とは交通状況が異なる地方では、MaaSにも異なる視点が必要であると、フィンランド運輸通信省は考えています。**都市型MaaSが多種多様な交通をシームレスにつなぐことが重要**なのに対し、**地方型MaaSでは逆に、単一の交通があらゆる移動、さらには物流も担う必要がある**と説明しています（**図8-2-1**）。その地方型MaaSにいち早く取り組む企業もいくつか存在します。**Kyyti**はそのひとつです。

図8-2-1 　都市型 (Urban) MaaSと地方型 (Rural) MaaSの違い

豊富な交通手段がある都市型と限られた交通手段しかない地方型では、求められる利便性が異なる

■ 地方型MaaSの雄 Kyyti

　Kyytiは2015年にマルチモーダルアプリを立ち上げたTuup（トゥープ）と、翌年設立されたオンデマンド交通事業者のKyytiが統合したもので、すでにフィンランドの複数の地方都市で利用可能となっています。

　同社は2017年、アプリにオンデマンドサービスを追加しました。メニューにはエクスプレス、フレックス、スマートがあり、エクスプレスは通常のタクシーとほぼ同じで到達時間が速く、フレックスとスマートは乗り合いのレベルが異なり、スマートがもっとも安価になります。

　フィンランドでは通院者、障害者、高齢者、通学者などが税金の補助により安価に移動できるオンデマンド交通が存在していますが、Kyytiではこれと個人移動者を結び付けるという画期的な取り組みも始めています。 このうち通学者については、保護者がアプリを使用して予約を行い、移動中の状況をフォローアップできるようにもなっています。

　オンデマンドサービスが高い評価を得たKyytiは、ヘルシンキの空の玄関口であるヴァンター国際空港と海の玄関口であるヘルシンキ西フェリーターミナルを結ぶシャトルサービスや、社用車や駐車場、社員のタクシー移動などのコスト削減に効果がある企業向けアプリのシステムも提供しています（**図8-2-2**）。

図8-2-2 Kyytiの業務内容

**アプリを含む
1つのプラットフォーム**

すべてのモビリティモード
の経路検索、支払い、発券
を1つのプラットフォーム
に統合。

**デマンドレスポンス
トランスポート（DRT）**

障害を持つ移動者、高齢
者、学生と教師、および在
宅介護サービスのDRTを
承認します。

リアルタイム経路検索

支線から幹線への費用対効
果の高い動的なオンデマン
ド経路検索。

**完全かつ簡単な
情報システム**

完全に管理されカスタマイ
ズ可能かつ簡単な情報シス
テム。

**アプリ向け
システム提供**

独自のブランドで独自のマ
ルチモーダルなモビリティ
エコシステムを立ち上げて
運用します。

モビリティ分析

展開に投資する前に、誰が
どんな理由で、どのように
移動するかを分析します。

オンデマンド交通運行やアプリ開発など幅広い分野を手がける
出典：KYYTI公式ウェブサイト（https://www.kyyti.com/）を元に作図

　Kyytiはオンデマンド交通が都市型、郊外型、地方型に分けられると考え
ており、上で紹介してきた実例は郊外型にあたるとのことです。**さらに人口
が少ない地方型では、郵便・新聞・食料品・薬品などを同一の乗り物で配達
する**ことを挙げており、国の考え方と一致しています。

　このほか国の機関である**SITRA**（フィンランド・イノベーション基金）で
は、地方の移動問題を解決するためのプロジェクトを2018年5月から2019
年8月まで行いました。

　フィンランドの温室効果ガス排出量の約5分の1は運輸分野で発生してお
り、地方でもマイカーに代わる魅力的かつ簡単な移動手段が必要という考え

からこのプロジェクトが生まれ、モビリティサービスに関するさまざまな方法をテストしました。具体的には**公共交通とタクシー、オンデマンド交通サービスを組み合わせ、利用者がスマートフォンのアプリなどによる予約と決済を可能とすることで、サービスをフレキシブルにし、利用者の需要の増大**を狙っていました（**図8-2-3**）。

　Kyytiはこのプロジェクトにも、Sitowise、Infotripla、Vinkaの3社と共に関与しており、4社が共同開発したプラットフォームを3つの実験地域に提供しました。

図8-2-3 **SITRAによる地域モビリティプロジェクト**

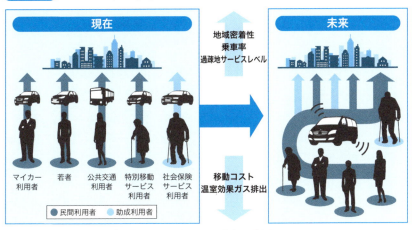

個々の乗り物をICTにより集約化する地方型MaaSの仕組みがわかる

出典：SITRA（https://www.sitra.fi/en/projects/public-private-mobility-services-offered-side-side/#what-is-it-about）を元に作図

■LRT導入に合わせてトランジットセンター設立

　経済産業省と国土交通省が2019年4月に開始したスマートモビリティチャレンジの支援対象地域・事業以外にも、モビリティサービスにおいて積極的な取り組みを進めている自治体があります。栃木県の県庁所在地、**宇都宮市**はそのひとつです。

　宇都宮市は市内東西方向の基幹公共交通整備が長年の懸案であり、2012年の市長選挙で佐藤栄一氏が**LRT導入を公約に掲げ大差で当選**したことを受け、翌年整備に向けた検討に入ります。その後、整備費用の増大に批判が集まり、4年後の市長選では辛勝となりますが4選。当初は2019年度としていた開業時期は、市民理解をさらに深めていくという理由で2022年3月に延期されたものの、2018年5月には工事が始まっています。

　当初は市東部や隣接する芳賀町に広がる工業地帯への通勤路線として計画されたことが、市民からの共感が得られにくい理由のひとつでした。そこで2016年あたりからは市民路線であることを前面に押し出すようになり、**主要停留場にはバスターミナルやパークアンドライド駐車場などを備えたトランジットセンター（交通結節点）を設け、市内の多くの地域に恩恵をもたらすモビリティであることをアピール**しています（**図8-3-1**）。

　車両のデザインやカラーも決まり、後者については黄色となりました。宇都宮市は「雷都」と呼ばれるほど雷が多い地域で、雷が田に落ちると稲が育ちやすいなど恩恵も受けてきたことから、雷の色をシンボルカラーに選んだそうです。運営会社としてはすでに第三セクターの**宇都宮ライトレール**が設立されています。

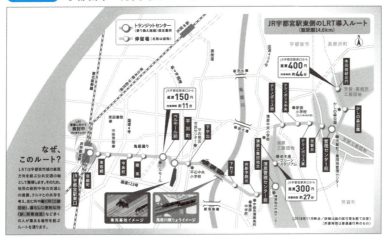

図8-3-1 宇都宮市・芳賀町LRTのルート

JR宇都宮駅から市東部に伸び芳賀町に至る

出典：宇都宮市発行「『LRT START BOOK』のご紹介」
　　　（https://www.miyarail.co.jp/news/21）より引用

■ 地域連携ICカード

　他の交通との連携を大切にするとなれば、乗車券も考慮する必要があります。従来、宇都宮市では、JR東日本と東武鉄道の鉄道はICカードに対応していましたが、バスについては未対応でした。しかし2019年7月、新・交通系ICカード「地域連携ICカード」を利用したIC乗車券サービスの提供について、地元の協議会とJR東日本が合意しました（**図8-3-2**）。

　LRTやバスをJR東日本のIC乗車券Suicaで乗れるだけでなく、高齢者割引などの行政サービス導入も検討していて、MaaSのひとつとしても注目できます。LRT開業前年の2021年に導入される予定で、JR東日本によれば地域連携ICカードを利用した地域交通事業者への具体的なサービス提供に向けた初のケースになります。

　このカードに関係する交通事業者のうち、関東自動車はみちのりホールディングスの傘下にあり、ここにはほかにもJR東日本沿線で路線バスを展開する事業者が属しています。両社の共同で宇都宮市以外に展開するという噂もあり、今後に期待が持てます。

図8-3-2 **LRTに導入予定の新・交通系ICカード「地域連携ICカード」**

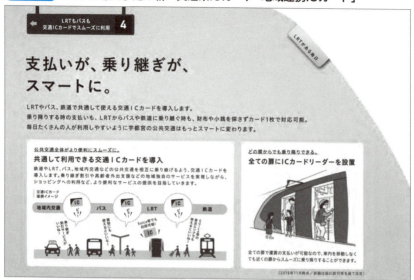

ICカード利用者は欧州の信用乗車に近い利便性を実現予定

出典：宇都宮市発行「『LRT START BOOK』のご紹介」
　　　（https://www.miyarail.co.jp/news/21）より引用

■ 料金大幅見直しで利用者増大

　続いて京都府**京丹後市**を紹介します。こちらはスマートモビリティチャレンジのひとつに選定され、同市を走る唯一の鉄道である京都丹後鉄道を運行するWILLERグループのMaaSアプリ「**WILLERS**」が京都丹後鉄道をサポートしました（**図8-3-3**）。しかしそれ以前から、積極的な交通改革を行っています。

　まず市内のバスの運賃は非常に高く、市内を走る唯一の民間バス事業者である丹後海陸交通の丹海バス（他に市営バスもあります）では、2006年から**最大で1150円に達していました。そこで運賃を上限200円に抑えました。**

　すると**利用者数の減少に歯止めがかかりました。**新規利用者の6割は高校生で、従来は多くがマイカー送迎や自転車などでの通学でしたが、200円なら定期券代が出せると家庭が判断したようです。高齢者の中にも、運転免許を返納してバス移動に切り替える人が出てきました。

図8-3-3 「WILLERS」アプリ

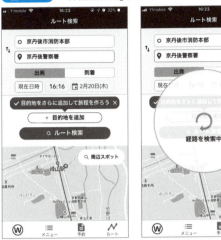

WILLER TRAINSが運行する京都丹後鉄道沿線で展開

そこで2007年には市内全域に拡大。2010年からは本格実施となり、2013年からは周辺の宮津市、与謝野町、伊根町を含めた丹後地域2市2町全域で上限200円を採用しています。市営バスも前後して200円上限になりました。

利用者数が約2.7倍に増えたこともあり、**新路線開設やバス停新設を行う余裕が生まれており、京丹後市が丹海バスに出している補助金額はほとんど変わっていません。**

高齢ドライバーのマイカーからの移行も

京都丹後鉄道でも2011年、当時の運行事業者である第三セクターの北近畿タンゴ鉄道が、高齢者に限り上限200円運賃を導入しています。丹後地域2市2町住民が地域内から乗車するなら、福知山市、舞鶴市、兵庫県豊岡市での降車もOKで、最高運賃1,530円が200円になります。

高齢者の利用は実施前の3倍を超えるそうで、以前自分が乗車したときにも窓口で申し込む人がいて、バスと合わせてマイカー移動からの移行が進んでいると感じました。**高齢ドライバーの交通事故減少にも寄与**するでしょう。

第8章

■日本初のUberアプリ導入

　一方、人口減少からタクシーが撤退した京丹後市の旧丹後町地区では、**日本で初めてUberのアプリを地域交通に導入**した「**ささえ合い交通**」が走っています。

　タクシー撤退の翌年設立されたNPO法人「気張る！ふるさと丹後町」が、まず2014年から2つの集落でオンデマンドバスを運行したものの、バスが1台なので各集落にとっては隔日運行となるうえに、乗車前日までに予約が必要であるなど不便だったため、京都府や京丹後市の協力を受け、2016年から**自家用有償旅客運送制度**を活用した「ささえ合い交通」も導入しました。

　自家用有償旅客運送制度とは、公共交通の整備が行き届いていない過疎地域（交通空白地域）に、マイカーを用い一般ドライバーの運転で旅客の移動

図8-3-4 自家用有償旅客運送制度

自家用有償旅客運送の種類

市町村が主体

● **市町村**

市町村運営
有償運送（交通空白）

市町村運営
有償運送（福祉）

● NPO法人
● 一般社団法人又は一般財団法人
● （地方自治法に規定する）認可地縁団体
● 農業協同組合
● 消費生活協同組合
● 医療法人
● 社会福祉法人
● 商工会議所
● 商工会
● 営利を目的としない法人格を有しない社団

NPO法人等が主体

公共交通空白地
有償運送

福祉
有償運送

主体が市町村か否か、目的が交通空白輸送か福祉輸送かにより4種類に分かれる

出典：国土交通省「自家用有償旅客運送ハンドブック」(https://www.mlit.go.jp/jidosha/content/001321704.pdf) より作図

を支える制度です（**図8-3-4**）。ささえ合い交通は「公共交通空白地有償運送」に該当しています。

配車や決済はUberそのもので、事前登録をしていればアプリ上で完了します（**図8-3-5**）。しかしこの地域には、**スマートフォンやクレジットカードを持っていない住民もいるため、途中から本人に変わり配車予約や決済の立て替えを行う「代理サポーター制度」を採用**しました。代理サポーターが代わりに行うことで、**利用者も使いやすく現金決済も可能**になりました。運賃は国が定めたおおむねの目安をベースにした運賃案が、京丹後市地域公共交通会議で承認を得たもので、タクシーの半額ほどとなっています。

2019年にWILLERがこの地域に導入したMaaSアプリは、北海道道東地区と基本的に同じ内容を持つ観光型MaaSですが、Uberで配車する「ささえ合い交通」は含まれていません。つまり京丹後には「WILLERS」と「Uber」の2つのアプリが存在する状況になっています。逆に米国ではUberは公共交通との連携を始めています。地域住民のためには2つのアプリの融合が望まれます。

図8-3-5 ささえ合い交通の配車アプリ

Uberから領収書が
メールで届く！

インターフェイスはUberそのものでグローバル対応も万全

自治体の取り組み2：横須賀市／高松市

■ 横須賀市：地域課題と情報通信産業の融合

第6章で紹介した国土交通省と経済産業省の支援プロジェクト「スマートモビリティチャレンジ」（➡P.159）。このプロジェクトを参考にした自治体の取り組みについて、神奈川県横須賀市のヨコスカ×スマートモビリティ・チャレンジ「スカモビ」をご紹介します（図8-4-1）。

横須賀市は横浜市に隣接した立地にもかかわらず、人口減少に悩まされています。1990年には43万人以上いましたが、2018年には41年ぶりに40万人を下回りました。少子高齢化も進行しており、65歳以上の高齢者人口は全体の3割を超え、2040年には4割近くにまで上昇する見込みとのことです。

図8-4-1 ヨコスカ×スマートモビリティ・チャレンジ「スカモビ」

出典：「スカモビ」公式ウェブサイト（https://www.sukamobi.com/）より引用

中でも深刻なのが、市内各所に点在する「谷戸」です。リアス式海岸のように谷が入り組んだ場所のことで、明治時代初期から軍港が存在し、関係者が軍港近くに居住したことから、山や丘陵が宅地として利用されました。**自動車が入れない道路や階段も多くあり、高齢者や障害者にとっては移動が困難**となっています。空き家や空き地も増加しています。

　一方でこの地では、1854年にペリーが2度目の上陸時に2台の電信機を幕府と天皇に献上したことを契機に、明治時代から通信産業が発展してきました。1997年には情報通信技術に特化した研究開発拠点「**YRP（横須賀リサーチパーク）**」が設立されています。

　そこで市が抱える人口減少問題と情報通信産業を連携し、スマートモビリティの開発・実証の推進や関連産業・周辺産業の集積を進めるべく、YRPの中核的な事業主体である「**横須賀テレコムリサーチパーク**」および「**YRP研究開発推進協議会**」と共に始めたのがスカモビです。

　スカモビは2018年から5カ年計画で走り始めました。2019年1月と2020年2月にはYRPで車両展示や講演、アイデアコンテストなどからなるイベントを実施。2019年8月には東京でシンポジウムを開催しました。

　2019年のイベントでは「**横須賀スマートモビリティ宣言**」を出し、同年度に10のプロジェクトを動かしていくことを表明。京浜急行電鉄ならびにNTTドコモと「スマートモビリティ等を活用したまちづくりに関する連携協定」も締結しました。

　横須賀スマートモビリティ宣言では、10項目のうち2項目にMaaSの文字を見ることができます（**表8-4-1**）。その中で❼「**あらゆる方々の移動や観光を支援する横須賀MaaSプロジェクト**」は、何らかの理由で移動を躊躇しているすべての方々の自律的な移動を実現するため、各交通機関等がユニバーサルデザインの視点で交通をシームレスにつなぐ総合的移動サービスの提供に向けた実証実験を実施とあり、Section7-4（➡P.200）で紹介したANAの「Universal MaaS」が該当します。

　また❿「**ドローン物流による観光支援サービス**」では、楽天と西友が2019年7〜9月、西友リヴィンよこすか店から猿島の訪問者へドローンを使い商品を届ける配送サービスを提供しました（**図8-4-2**）。離島における一

表8-4-1 **2019年度スカモビ支援プロジェクト候補一覧**

プロジェクト名	主な該当モデル	実施概要	主な実施者
❶地域の足の効率的な維持・確保モデル実証	地域生活継続支援モデル	移動需要に応じてリアルタイムに最適運行を行うオンデマンド乗合交通「AI運行バス」により、移動困難地域内のラストワンマイル補完による回遊性の向上や、持続可能性のモデル検証	NTTドコモ、京急グループ
❷全地形対応型次世代パーソナルモビリティの開発	地域生活継続支援モデル、まちの拠点循環モデル、観光振興モデル	段差や悪路等にも対応可能なパーソナルモビリティについて、観光や公共交通との組合せ等のユースケースにも対応できる汎用性の高い次世代型モデルの開発プロジェクト	APAVプロジェクト（仮称）
❸街の中核病院における効率的な移動・送迎システムの実証	地域生活継続支援モデル、まちの拠点循環モデル	オンデマンドバスと病院予約システムとの連動による効率的かつ利便性の高い配車・送迎システムや、病院での自動運転の電動車いすの活用・連携など病院を核とした次世代の移動・送迎システムのモデル検証	一部の実施者は確定しているが、プロジェクトの詳細含め検討中
❹公共交通システムの補完、人手不足解消等に資する自動運転バスの開発・実証	まちの拠点循環モデル	YRP野比駅〜YRP構内に遠隔操縦を含めた高度な自動運転バスを走行させる開発・実証プロジェクト（2022年度までの4カ年計画）	実施は外部資金の獲得状況によるため非掲載
❺限定地域内のマルチモーダルなモビリティシステム実証	まちの拠点循環モデル	YRP構内を様々な次世代型の乗り物を連携して走行させ、社会実装に向けた課題の整理（規制関係、ユーザビリティ等）、ユースケースの検討、市場規模・経済波及効果の検証、ユーザー目線による効果検証等を実施する実証プロジェクト	検討中
❻スマートモビリティ社会を支えるスマートなインフラ構築モデル実証	まちの拠点循環モデル	YRP構内及びその周辺に、次世代モビリティシステムを支えるスマートなインフラを構築し、部分的に模擬したスマートシティによる新たなサービス検証(2022年度までの4カ年計画)	実施は外部資金の獲得状況によるため非掲載
❼あらゆる方々の移動や観光を支援する横須賀MaaSプロジェクト	地域生活継続支援モデル、まちの拠点循環モデル、観光振興モデル	何らかの理由で移動を躊躇しているすべての方々の自律的な移動を実現するため、各交通機関等がユニバーサルデザインの視点で交通をシームレスにつなぐ総合的移動サービスの提供に向けた実証実験を実施	報道発表前のため、非掲載
❽立ち乗り型パーソナルモビリティによる観光周遊実証	観光振興モデル	立ち乗り型パーソナルモビリティを用いて、横須賀市の中心街エリア周辺を快適に周遊する利用モデルを想定し、当該モデルに係る社会実装に向けた課題等の整理や、社会実装による効果検証等を実施	報道発表前のため、非掲載
❾観光MaaSアプリ開発による人流創出、交流人口の増加等の検証	観光振興モデル	横須賀観光における複数の交通モードの利用及び目的地での消費を支援するためのアプリを開発し、当該アプリの利用による交流人口の増加や人流創出に係る効果検証等を実施	NTTドコモ、京浜急行電鉄
❿ドローン物流による観光支援サービス	観光振興モデル	レジャーで賑わう猿島にて専用アプリで注文を行うと、約1.5km先の商業施設からドローンで食材や飲料、救急用品などを配送するサービス	楽天

❼と❾のプロジェクトにMaaSの文字が掲げられている

出典：「ヨコスカ×スマートモビリティ・チャレンジ2019年度活動計画（案）」(https://drive.google.com/file/d/16AHuyhnByhOuYUwyG-vzjfHu8Bs1oP95/view) より作図

般利用者を対象としたドローンによる商用配送サービスは国内初の取り組み事例であり、話題になりました。

図8-4-2 ドローン物流による観光振興・買い物困難者への支援

無人島の観光地、横須賀市の猿島へ、ドローンを使って食材、飲料等を配送した
出典：「ヨコスカ×スマートモビリティ・チャレンジ推進協議会 プロジェクト推進部会（第2回会合）」
（https://www.sukamobi.com/report20191121/）より引用

■ 高松市：MaaSの素地がある稀有な都市

　フィンランドのようなMaaSの実現は日本では難しいと言われています。なぜなら欧州では基本的に自治体などの公的組織が地域全体の交通計画を立て、運行を委託する仕組みになっているからです。一方、日本では多くの場合、民間企業が公共交通を担っており、同じエリア内の事業者同士が競合しています。また交通事業者が必ずしも自治体と密接な関係を築いているわけではありません。

　そんな中、香川県**高松市**では、地域圏で鉄道・バス・タクシーを運行する高松琴平電気鉄道（ことでん）が自治体とのコミュニケーションが密に取れ

図8-4-3 ことでんグループの非接触式ICカード「IruCa」

電車やバス料金の支払いだけでなく、加盟店での支払いやポイントもたまる
出典：ことでんグループIruCa（http://www.kotoden.co.jp/publichtm/iruca/index.html）より引用

ており、課題が共有できています。

　先進的な事例のひとつに、四国の鉄道・バスでは初の非接触式ICカードとして高松琴平電気鉄道が2005年に導入した**IruCa**があります。同鉄道の経営再建時に導入された仕組みですが、現在はコミュニティバスやレンタサイクル、地域商店での利用も可能で、高齢者や障害者向けに割引が受けられる専用カードがあるなど、サービス範囲が広がっています（**図8-4-3**）。

　さらに2013年には、「多核連携型コンパクト・エコシティ推進計画」を発表すると共に、「高松市公共交通利用促進条例」を策定しました。

　前者は集約拠点への都市機能集積や市街地の拡大抑制による**コンパクトで持続可能なまちづくり**を目指したもので（**図8-4-4**）、後者はその取り組みの柱として、**市、交通事業者、市民および事業者が協働して公共交通利用を促進**し、安全かつ快適で人と環境にやさしい都市交通の形成に寄与する責務を明らかにしたものです。

　高松市では2012年のパーソントリップ調査により得られたIruCaなどのビッグデータを交通事業者から得ながら、需要予測をブラッシュアップしています。このデータを解析し、モビリティサービスの供給が適切であるかを交通事業者と議論しながら、市民にとって乗りやすい路線づくりやダイヤ再

図8-4-4 高松市が目指す集約型の都市構造

市が率先して、集約型都市（コンパクトシティ）化を目指し都市間を公共交通で結ぶ

出典：「多核連携型コンパクト・エコシティ推進計画」(http://www.city.takamatsu.kagawa.jp/
kurashi/shinotorikumi/machidukuri/toshi/compact/index.html) より引用

編成などを行っています。

　地域交通事業者独自のICカードを持っていながらデータ活用ができておらず、そのデータを元にした自治体との協働もないという地域が多い中で、このような自治体と交通事業者の関係は、我が国では非常に稀有であると言えます。

　ハード面でも、高松琴平電気鉄道に複数の新駅を開設し、交通結節点を整備することで周辺の利便性を向上させるなどの取り組みは進めており、今後も期待が持てる地域のひとつと考えています。

Section 8-5

地方ならではのアドバンテージ

需要は少ないが統合はしやすい

■ 戦時中の交通事業者統合

　現在の日本は東京への一極集中が続いており、交通についても東京などの大都市ほど多種多様なモビリティがきめ細かく導入されているのに対し、地方は人口減少に比例して利用者も減少していることから、事業者の撤退や路線の廃止、減便が続いています。

　しかし、これはMaaSにおいては不利な要素ではありません。これまでも書いてきたように、東京のように多くの事業者が存在していると、情報などの統合に困難が付きまといます。一方、**地方の公共交通は少ない事業者で展開していることが多いので、初めから統合しやすい**のです。

　日本は第二次世界大戦中、**乱立する交通事業者を整理統合して経営の安定化**を図る観点から**陸上交通事業調整法**が制定され（1943年）、公共交通事業者の統合がなされました。いくつかの都市はその状況が残っています。

　例えばSection2-3（→P.47）で紹介した富山では、県内の旧国鉄路線を除く鉄道・バスが統合し、現在の富山地方鉄道が誕生しています。同じように経営統合によって生まれた事業者として、前出した香川県の高松琴平電気鉄道、福岡県の西日本鉄道があります。

■ 自治体とのつながりを活かしたい

　富山県では戦後、県西部の鉄道・バスが加越能鉄道（現加越能バス）として分離しましたが、現在も富山市内の路線バスは富山地方鉄道が一括して運行しています。市内の鉄道については富山地方鉄道のほか、JR西日本の北陸新幹線と高山本線、以前はJRの路線だった第三セクターのあいの風とや

ま鉄道があります。

　つまり鉄道については3つの事業者が存在することになりますが、このうち、あいの風とやま鉄道は富山市も出資しています。市内電車の運行は富山地方鉄道が担当していますが、一部区間の線路や施設などのインフラ部分は富山市が管理しています。

　さらに富山地方鉄道は鉄道線の新駅や軌道線の新型車両、バスについては一部路線の運行に、市からの補助金を受けています。コミュニティバスのまいどはやバスも市からの出資があります（**図8-5-1**）。つまりJRを除けば市が何らかの形で関わりを持っています。

　富山市については、市長が公共交通の一元化を目指したいという考えを抱いていることを以前聞きました。同様の考えは、実は富山地方鉄道誕生当時（1943年）にも存在していました。

戦時中からあった「富山県一市街化」構想

　初代社長に就任した佐伯宗義は合併前の多くの路線の新設や再建に関わった人物で、就任時には「富山県一市街化」の標語を掲げています。MaaSの概念で重要となるシームレス化の構想は、この時点で存在していたのです。

図8-5-1　**富山市のコミュニティバス「まいどはやバス」**

2路線を持つ「まいどはやバス」は第三セクターの富山市民プラザが運行　　　　　（著者撮影）

富山市長は海外の公共交通事情に精通しているので、将来的には欧米のように、税金や補助金を主体とした公共交通を想定しているのかもしれませんが、現状であっても、運賃体系の統合には有利な状況です。

地方ならではの統合のしやすさ

　現実に富山地方鉄道の鉄道・バス、まいどはやバスは、ひとつのICカード乗車券で利用可能であり、**高齢者向けのおでかけ定期券はすべて100円**で乗れます。

　しかも後者については、中心市街地にある協賛店約70店で粗品の進呈や商品の割引が受けられ、市の体育施設や文化施設約30施設を半額または無料で利用可能という付加価値もついており、**沿線施設との連携も難しくない**ことが立証されています（図8-5-2）。

　この時点ですでに、**アナログMaaS**と呼びたくなる状況にあるわけですが、デジタル化についても、**情報公開・共有について市の主導で行う**ことで、東京などの大都市に比べるとはるかにやりやすいと言えます。

　これは他の多くの地方都市に当てはまります。地方の公共交通は需要は少ないかもしれませんが、統合はしやすいのです。**MaaSについては、大都市よりもむしろ地方都市のほうが導入の可能性が高い**ことを頭に入れていただきたいと思います。

図8-5-2　高齢者向けのおでかけ定期券

1年間1000円のおでかけ定期券は
ボウリング場も割引

出典：富山市「広報とやま令羽和2年5月号」(https://www.city.toyama.toyama.jp/etc/pr/mag/190305/pages/5.html)
富山地方鉄道「おでかけ定期券で『健康ボウリング』始めませんか？」(https://www.chitetsu.co.jp/?p=29027)

Section 8-6

電子国家が仕掛ける多彩な交通革命

公共交通の無料化という もうひとつの流れ

■ なぜ公共交通を無料にするのか

　日本の公共交通は運賃収入を主体とした運営が当然とされるので、赤字になれば減便や廃止が行われ、利用者減少に拍車が掛かるという負のスパイラルに陥ることが多いです。それに対し、**欧米では税金や補助金を原資とした運営が一般的**であり、十分な投資が行われることは第2章で述べました。

　その欧米ではさらに一歩進んだ流れが生まれつつあります。**公共交通の無料化**です。米国オレゴン州ポートランドでは中心市街地の公共交通を一定期間無料にしており、荒廃したダウンタウンがにぎわいを取り戻す契機のひとつになりました。欧州ではバルト海を隔ててフィンランドの対岸に位置するエストニアのタリンが、一国の首都として世界初の公共交通無料化を実現しました（図8-6-1）。

図8-6-1　タリンの都市交通

タリンには路面電車、トロリーバス、バスが走り市民は無料で利用可能　　　　（著者撮影）

人口約45万人の同市が無料化を始めたのは2013年です。リーマンショックに端を発する経済危機でエストニアはとりわけ厳しい影響を受け、GDPは18ヵ月間で約20％も下落しました。**市民から公共交通の運賃が重荷という声が寄せられ、緊急的な対策として無料化**に踏み切ったそうです。

　タリンの公共交通への補助金は、無料化実施以前から72％に達していました。これを90％に増やすだけなので、我々日本人が考えるほど大胆な政策ではなく、2012年の市民投票では75％が賛成しました。観光客を含めた市外居住者は従来通り有料で、これが残りの10％を賄う計算でした。

　無料化のもうひとつの目的として、**自動車交通の削減**がありました。タリンは環境問題は深刻ではありませんでしたが、中心市街地への交通集中は悩みの種でした。そこで**都心の駐車場料金を引き上げ、代替手段の意味も込めて公共交通無料化を導入**したのです。ヘルシンキのMaaS導入と共通した理由ですが（**→ P.38**）、問題解決の手法は異なったわけです。

　エストニアは電子国家としても知られています。国民はデジタルIDカードを持ち、選挙の投票を含めた行政手続はオンラインで完了します。運転免許証やEU内パスポートの代わりも果たしています。ただし、公共交通無料化とこの電子化は関係はないそうです。

■ 公共交通無料化が都市の価値を高める

　実は公共交通無料化の**財源は個人所得税**です。公共交通は住民のための交通なので居住地を基準にしました。**無料化によって都市の価値を高め、住民を増やして税収を上げよう**という目論見もありました。結果は予想以上で、2012年には41.6万人だったタリンの人口は2019年には44万人になり、チケット減収分を穴埋めしてあまりある税収増となりました。

　エストニアはスタートアップの支援に熱心な国としても知られています。デジタルIDカードは国外居住者も取得可能であり、世界各国から起業のために多くの若者が訪れます。この動きも税収増加につながっています。

　税収増加は公共交通のサービス向上にもつながりました。バス車両の平均車齢は約10年から7年と若返りが図られ、**路面電車は欧州からの資金調達**

もあって車両の半分は新型の低床車になり、**空港への延伸が実現**しました。

　公共交通無料化の波は欧州で広がりつつあり、フランスでは北部のダンケルク、南部のオーバーニュなどが無料化を導入しました。ルクセンブルクでは2020年3月から国全体での無料化を始めています。Whimが提案した定額制をあらかじめ所得税に組み込んだ形と言えます。人口は最多のルクセンブルクでも約55万人で、中小規模の国や都市での導入が目立ちます。

キャッシュレス化で進む利便性

　市外からの訪問者向けチケットはキャッシュレス化が進んでいます。タリンの公共交通は現金払いでは2ユーロですが、スマートカードにすれば1時間1.5ユーロ、1日4.5ユーロとはるかにお得です。アプリで事前決済するシステムもあり、画面に表示したQRコードがチケットになります（**図8-6-2**）。

　公共交通無料、美術館・博物館無料、レストラン割引がセットになったタリンカードというチケットもあります。24時間・48時間・72時間用があり、アプリでの提供も行っています。付加価値のついたMaaSと呼びたくなる内容です。

図8-6-2　**タリン都市交通のQRチケット**

市民以外は有料だがスマートカードやQRコードなどで決済可能　　　（著者撮影）

ライドシェアの新星Bolt

　タリンではタクシー配車とライドシェアのアプリが一体化していることも特徴です。スタートアップでありながらこの国を代表する企業で、現在は世界35か国以上に展開する「**Bolt**」（最近Taxifyから名称変更）は**タクシーとライドシェアの両方の配車が可能で、両者が敵対するフェーズから一歩抜け出しています**。

　またこのBoltではUberと同様に、電動キックボードやフードデリバリーも手掛けており、複数の乗り物をつないでいることになります。現時点ではタリンのすべての交通を網羅したMaaSは存在しませんが、それに近いサービスは各種用意できていることになります。

第**9**章

ラストマイルMaaSを
どうするか

駅やバス停から自宅や会社までの移動を賄う、新し
いモビリティが近年登場しています。これらと既存
の公共交通を連携させるためにも、MaaSは重要
です。

MaaS構築に欠かせない領域
ラストマイルとは

■ 歩行も移動手段のひとつだが

　MaaSは出発地点から目的地まで、あらゆる移動手段をシームレスにつなぎ合わせ、最適解を提供しようというものです。ここで**問題となるのが、出発地点から鉄道駅、バス停、シェアリングのステーションまでどのように行くか**です。

　タクシーを呼ぶほどの距離ではない、呼んでもすぐに来ないなどの場合、歩行に頼ることになります。しかし遠方まで歩くのは大変であり、自転車など身近な移動サービスが必要と感じるようになります。

　こうした領域を海外では「**ラストマイル**」と呼んできました。鉄道駅やバス停から自宅や会社までの最後の1マイル（約1.6km）を意味する言葉で、この領域をカバーするモビリティが重要という議論が目立つようになりました。近年は集落内や学区内など、生活圏内の移動もここに含めるようになっています（**図9-1-1**）。

図9-1-1　自宅から駅、駅から目的地までの微妙な距離が「ラストマイル」

バス　電車　自転車　カーシェア

ラストマイル

ただし1.6kmという距離は、一般的な人の歩行（時速4km）でも24分かかります。フィンランドのヘルシンキで展開している**Whimは、10分程度であれば普通に徒歩を薦める**結果を提示して驚くことがありました。欧米人と基礎体力に差がある日本人は、徒歩圏内というと10分以内（600〜700m）と考える人が多いでしょう。高齢者や障害者は2〜300mの移動さえ辛いと考える人もいると思います。

　我が国におけるコミュニティバスのパイオニアと言われる東京都武蔵野市の「**ムーバス**」は、「ターミナルの吉祥寺へ行きたいが歳を取って足が不自由になり、バス停まで遠くて歩けなくなった。自転車は怖くて乗れない。それでも街へ出たい」という高齢者の手紙がきっかけで生まれ、バス停は**高齢者の歩行距離を考慮して、200m間隔を基本に設置**しています。この数字はひとつの目安になるでしょう（**図9-1-2**）。

図9-1-2　東京都武蔵野市を循環するコミュニティバス「ムーバス」

大人も子どもも100円で乗れて、ノンステップバスも導入している
出典：武蔵野市「ムーバス」ウェブサイト（http://www.city.musashino.lg.jp/_res/projects/default_project/_page_/001/005/138/gaiyou2017-omote.pdf）より引用

■ 新しいモビリティが続々登場

　ラストマイルは「SDGs」とも関連があります。2015年9月の国連サミットで採択されたSDGsは、日本では**持続可能な開発目標**と表現することもあり、環境対策と考える人もいるようです。しかしSDGsで掲げられた17の目標の中には、❸「すべての人に健康と福祉を」、❿「人や国の不平等をなくそう」、⓫「住み続けられるまちづくりを」など、ユニバーサルな地域生活構築に関する内容も含まれています（**図9-1-3**）。

図9-1-3 2030年までに持続可能でよりよい世界を目指す国際目標「SDGs」

出典：外務省「JAPAN SDGs Action Platform」(https://www.mofa.go.jp/mofaj/gaiko/oda/sdgs/pdf/000270935.pdf) より引用

　今は元気で体はどこも悪くない人であっても、突然病気になったり、骨折したりして、思うように動けない事態に直面する可能性があります。未来に向けて安心安全な暮らしを作っていくためにも、ラストマイルのモビリティを真剣に考えていくことが非常に大切になります。

　このラストマイル問題の解決のために生まれたのが、**超小型モビリティ、パーソナルモビリティ、電動キックボード**などです。一方で**自転車シェア**な

ど、既存の乗り物をサービスとして展開した例もあります。**電動車いす**も高齢者や障害者だけでなく、空港やショッピングモールなど敷地の広い公共空間での快適な移動のために提供するようになりつつあります。

　我が国の企業では、第6章で紹介した小田急電鉄（➡P.170）、第7章で取り上げたANA（➡P.200）、本章で後述する電動車いすメーカーのWHILL（➡P.244）などがラストマイルに積極的に取り組んでいます。

ラストマイル問題をどう解決するか

■ 既存の乗り物を活用する方法も

　日本でラストマイルの問題を解決するには、個々の地域でどのようなモビリティが必要とされているのか、移動者に直接話を聞くなどして、潜在的なニーズを汲み取っていくことが重要です。そのうえで問題解決に適した対策を施していくというプロセスになります。

　理想は、我が国ならではのテクノロジーやサービスを駆使した新しいモビリティサービスの開発でしょう。しかし新しいモノやコトを生み出すには、非常に大きなエネルギーと歳月が掛かります。**すでに量産化され商品として手軽に購入できるものを活用するという手法**があることも覚えておきましょう。

　海外では「e-scooter」と呼ばれる**電動キックボード**によるシェアリングサービスは、車両本体価格は数万円に留まり、ステーションやポートを持たない「ドックレス方式」でもあるので初期費用を抑えられることが、ヒットの要因のひとつと考えています（**図9-2-1**）。

　新しいモビリティを用意するのが難しい場合、マイカーをラストマイルに活用してもらう方法もあります。「**パーク・アンド・ライド**」がそれで、鉄道駅やバス停の近くに駐車場を設け、公共交通利用者は料金を優遇するなどして利用を促すものです。料金優遇というのは大事なポイントで、これにより目的地の駐車料金より安い出費で移動できることがわかれば、公共交通の定時性に惹かれ、マイカーから公共交通への移行を増やせる可能性があります。

　ルールを新規に制定することもまた大変です。とりわけ日本では、新しいモビリティがこれだけ誕生しているのに、既存のカテゴリーに当てはめよう

図9-2-1 海外で使われている電動キックボードシェアのLimeと「Lime」アプリ

出典：Lime公式ウェブサイト（https://www.li.me/en-us/home/）とApp Store(https://apps.
apple.com/us/app/limebike-your-ride-anytime/id1199780189?ls=1)より引用

とする傾向が強く、ライドシェアなど現行の規制ルールに合わないサービス
は導入できないという事例がいくつかあります。

電動キックボードの規制緩和

しかしながら**電動キックボードシェア**については、ほかの新しいモビリ
ティサービスとは違う動きが出ています。2019年10月、政府の成長戦略
のひとつである「**規制のサンドボックス制度（新技術等実証制度）**」に2社
（mobby ride と Luup）が認定され、大学構内の一部区域を道路と位置づけ、
規制改革を行うための情報を収集しているからです（**図9-2-2**）。

規制のサンドボックス制度とは、新しい技術やビジネスモデルの導入が現
行の規制により難しい場合に、事業者の申請に基づき、規制官庁の認定を受
けた実証を行い、そこで得られた情報やデータを用いて規制の見直しにつな
げていくものです。資料には「まずやってみる！」という、これまでの日本
ではあまり見られなかった文言を見ることができます。

このように**国は以前より柔軟な姿勢を取るようになってきているので、今
後は新しいモビリティを入れやすくなる環境になっていく**という期待があり
ます。

図9-2-2 道路交通法と道路運送車両法では電動キックボードは原動機付自転車

日本の法律上、電動キックボードは原付扱いなので、上記のものが揃ってないと、公道を走れない

出典：mobby ride公式ウェブサイト
　　　（https://mobbyride.jp/column/190426_about_kickboard/）を元に作図

■ 乗り換えの手間をなくしていく

　多くの**地方の住民がマイカーに頼ったライフスタイルになっている現状を変えていくことも大切**です。こうした地域ではラストマイルの移動についての議論そのものがあまり存在しませんでした。ゆえに新しいモビリティを見たことすらないという人も多くいます。まずは展示会や試乗会を開催して現物に触れてもらい、使い方を伝えていく必要があるでしょう。

　さらにラストマイルとは、鉄道駅やバス停から家や会社までの短い距離の移動であり、既存の公共交通などとの乗り換えが必須となります。**ドア・ツー・ドアで乗り換えなしで行けるマイカーでの移動に慣れている人々は、乗り換えを面倒と感じる傾向が強い**ようです。

　こうした気持ちを解消するためにMaaSアプリが生まれたわけですが、ハードウェアでの対策もいくつかあります。そのひとつが対面乗り換えで、日

図9-2-3 宇都宮ライトレールの乗り継ぎ施設のイメージ図

歩道橋などの乗り換えの物理的、心理的障壁を取り除いたトランジットセンター

出典：第15回「芳賀・宇都宮基幹公共交通検討委員会」の資料3「LRTの乗り継ぎ施設の検討状況について」 (https://www.city.utsunomiya.tochigi.jp/_res/projects/default_project/_page_/001/006/078/15_05_shiryou3.pdf)より引用

本でも富山市などで実例はありますが、**鉄道駅とバス停、シェアモビリティのステーションを隣接させることで、乗り換えを可能な限りシームレスとする**ことです。

　さらに一歩進めて、鉄道駅、バス停、シェアモビリティステーション、パーク・アンド・ライド駐車場などをひとつにまとめた施設を新たに作ることもあります。これを「**トランジットセンター**」と呼びます。「全米一住みたいまち」として知られるオレゴン州ポートランドなどで実施されており、日本では栃木県に2022年開業予定の宇都宮ライトレールで導入されることが決まっています（**図9-2-3**）。

第9章

既存の交通と新しいモビリティの融合
電動車いすWHILLの
取り組み

■創業当初からモビリティサービスを想定

　MaaSは多様なモビリティをスマートフォンのアプリなどを用いてシームレスにつなげ、スマートな移動を提供するものですが、ここまで触れてこなかったモビリティがあることにお気づきでしょうか。それは**車いす**です。

　多くの日本人は、車いすはマイカーと同じように個人所有とするか、病院や介護施設などが所有する乗り物と認識しているかもしれませんが、英国などではショッピングモールなどで足腰の弱い客のために車いすを提供する**ショップモビリティ**というサービスがあります。

図9-3-1　WHILLの想定シーン

国内外の空港で実証実験を実施しており、2020年度以降実用化を目指す
出典：WHILL公式ウェブサイト（https://whill.jp/maas/）より引用

目的地に車いすが用意されていれば、自動車で移動する際は自宅用の車いすを携行せずにすむので外出が楽になります。ショッピングモールは広大な敷地を有しているので、健常者でも疲れを感じる人がいるでしょう。ショップモビリティはそういう人のためのサービスでもあります。同じことは空港や美術館、テーマパークにも当てはまるでしょう。

　つまり**車いすもシェアリングサービスが成立する分野であり、MaaSを構成するモビリティのひとつになり得ます**。この分野にいち早く取り組んでいるのが日本の「WHILL（ウィル）」です（**図9-3-1**）。

　WHILLのプロジェクトがスタートしたのは2009年。2年後の東京モーターショーに試作機を展示し、翌年法人化を果たします。2013年には米国拠点を開設し、次の年に最初の市販型モデルAを発表。筆者（森口）も審査委員を務めていたグッドデザイン賞で大賞を受賞しました。2017年には軽量化と分解可能な構造、低価格を両立したモデルCを発売しています（**図9-3-2**）。

図9-3-2　WHILL モデルC

24個の小さなタイヤからなるオムニホイールを前輪に採用し、驚異的な小回りを実現
出典：WHILL公式ウェブサイト（https://whill.jp/model-c/）より引用

一方で同社は創業当初から、**身体の状態や障害の有無にかかわらず誰でも乗りたいと思えるパーソナルモビリティ**を目指しており、空港や駅、遊園地などで、好きな時に自由に使えて楽しくスマートに移動できるモビリティサービスを思い描いていました。

　モデルCはこうした方針を反映しており、国内で販売している電動車いすでは初めて通信機能を搭載しています。スマートフォンのアプリを使って遠隔操作を可能としたほか、トラブルの際はメーカー側で状況を確認し、その場で対処方法を受け取ることができます。

■ 自動運転とMaaSを融合して提供予定

　WHILLは自動運転の研究開発も行っており、2019年のCESで発表しました。自動車のそれとは方向性が異なり、**乗車中は歩行者や建造物などへの衝突防止のための自動停止を行い、使用後の回収を自動化することで、移動中の介助を含めた省力化に貢献することを目的**としています。同社では2020年に公共空間での自動運転実現を目指しています。

　こうした機能を活かし、WHILLは販売事業に加え、MaaS事業にも乗り出そうとしています。すでに空港ではオランダ・アムステルダムのスキポール、我が国の羽田、米国ダラス・フォートワースなどで実証実験を進めています。

　国内では2019年4月から観光施設・レジャー施設向けサブスクリプションプランを開始しています。これまで三重県の伊勢神宮および志摩スペイン村、滋賀県の西教寺、兵庫県の神戸ファッション美術館などで貸し出しを行っています。

　さらに2018年には小田急電鉄、ヴァル研究所、タイムズ２４、ドコモ・バイクシェアと連携し、MaaSの実現に向けてシステム開発やデータ連携、サービスの検討を相互に連携・協力することに合意しました（➡P.171）。2019年に経済産業省・国土交通省が合同で立ち上げたスマートモビリティチャレンジ推進協議会にも参加しています（➡P.159）。

　同年には米国で航空会社や旅行会社、ゴルフ協会、テーマパーク運営会社

と手を組みパーソナルモビリティのレンタル事業を展開する Scootaround スクーターラウンド
と業務提携し、海外での MaaS 事業を加速させようとしています。

　日本は世界屈指の高齢化社会であり、電動車いすを移動の一環としてシェアリングする習慣が定着すれば、多くの需要があることは容易に想像できます。それだけに WHILL の活動は注目に値しますし、同社以外にもこのマーケットに参入する事業者が出てくることを期待しています。

MaaSが必需品になるラストマイルの足
超小型モビリティと
グリーンスローモビリティ

■ 欧州に範を取った超小型モビリティ

　ラストマイルの移動をどうするかという議論の中で、日本ではいくつか新しい自動車のジャンルが生まれました。「超小型モビリティ」や「グリーンスローモビリティ」です。

　超小型モビリティは2013年1月、国土交通省が発表した「超小型モビリティ認定制度」が発端となりました。自転車より大きく、**軽自動車より小さい3〜4輪車で、保安基準を緩和する代わりに高速道路は乗れず、乗車定員は大人2名あるいは大人1名＋子ども2名**となっています。

　国土交通省が定めた制度は我が国独自のものですが、似たような車両は世界各地に存在します。中でも欧州では20世紀初めのサイクルカー、第二次世界大戦直後のバブルカー（泡のように丸い車体ゆえ）、1970年代のオイルショック後のクワドリシクル（4輪自転車という意味のフランス語）と、いくつかのブームがありました。

　現在欧州には、クワドリシクルを発展させたL6e、L7eという2つのカテゴリーがあります。注目すべきはL6eで、最高速度45km/h以下で出力にも制約がある代わりに、フランスなどでは14歳以上であれば免許なしで乗ることができます。近年は電動車両が多くなっています。米国のNEV（Neighborhood Electric Vehicle）も同様のカテゴリーです。

　エアコンやオーディオは付かないなど、装備は2輪車に近いですが、多少の雨風なら防げる屋根付きの車体を持ち、高価な駆動用バッテリーを積んだ電気自動車であることから価格は高めです。2〜3人乗りで高速道路は乗れないことを考えると、マイカーとしての需要は限られています（**図9-4-1**）。

　言い換えれば**シェアリングとしての使用が一般的であり、認定制度では自**

図9-4-1 欧州の超小型モビリティ

（著者撮影）

治体などによる申請・認定という仕組みになっています。

　ただし前述のように装備は最小限で、車載情報通信機器も搭載していないので、以前からスマートフォンに専用のアプリを入れて目的地設定や充電状況チェック行うという実験がなされてきました。

　しかも超小型モビリティはラストマイルなどの短距離利用が前提です。駅から自宅までの足などとしての活用が期待されます。本格的な運用をするのであれば、公共交通のMaaSアプリに統合させるのが理想でしょう。

■本格サービスも始まったグリーンスローモビリティ

　一方のグリーンスローモビリティは2018年6月に国土交通省が提案したカテゴリーで、**従来は低速電動車などと呼ばれていた、最高速度20km/h未満の電気自動車を使う公共交通のことです**。つまり自分で運転するのではなく、乗客として接することになることが超小型モビリティと違います。

　車両はゴルフ場などでも使用している**電動カート**と**低速電動バス**の2種類があり、需要に応じて使い分けることになります（**図9-4-2**）。どちらも自動運転のトライアルを始めています。海外のモビリティでは、欧州などで実証

第
9
章

図9-4-2 グリーンスローモビリティ

❶電動カートタイプ	❷低速電動バスタイプ	
・4〜7人乗り	・10人乗り	・16人乗り

電動で時速20km未満のスピードで公道を走る4人乗り以上のモビリティ

出典：国土交通省「グリーンスローモビリティの導入に向けたポイント集」(https://www.mlit.
go.jp/common/001239779.pdf) を元に作図

実験を重ねている無人運転シャトルが近いですが、ドアや空調がないなどよりシンプルな構造となっています。

国土交通省ではこのグリーンスローモビリティが、地域が抱えるさまざまな移動の課題解決を果たしつつ、環境に優しいモビリティの導入推進をも実現することから、2018年度から各地で実証実験を始めています。

日本初の商業グリーンスローモビリティ

このうち広島県福山市では、実証実験の期間中に乗車した住民の7割が導入を希望したなどの結果を踏まえ、地元のタクシー会社が観光地の鞆の浦周辺で、2019年4月から全国初の有償事業を開始しています。

運用を行っているのは地域のタクシー会社アサヒタクシーで、「**グリスロ潮待ちタクシー**」と名づけられました（**図9-4-3**）。鞆の浦は瀬戸内海で潮の流れが変わる場所であり、昔は潮が変わるのを待つ船でにぎわったそうです。運賃は他のタクシーと同じ初乗り630円、そのほか30分単位で貸切での観光利用も可能で、いずれも電話あるいはメールで予約できます。

車両は電動カートを使用しています。また、ほかのタクシーと同じ緑ナンバーが有償事業の車両であることを示しています。鞆の浦の市街地は、軽自動車でもなんとか通行可能という狭い道ばかりであり、グリスロタクシーは

図9-4-3 **アサヒタクシーの「グリスロ潮待ちタクシー」**

鞆の浦の観光スポット「常夜燈」付近を走るグリーンスローモビリティ
出典：福山市役所ニュースリリース「全国初！グリスロのタクシー事業が鞆の浦で開始！」
　　　（http://www.news2u.net/releases/165669）より引用

最適です。**ドアや窓がなく、ゆっくり走ることも観光向き**です。**道が細いの
で左右のお店に手が届きそうなほどで、見たい場所があればさっと降りて行
くこともできます**。

　グリーンスローモビリティは最高速度19km/hなので、すべての道に適し
ているとは言えませんが、ふさわしい場所でふさわしい使い方をすれば魅力
が何倍にもなります。鞆の浦は最適な地域のひとつですが、似たような観光
地はいくつもあり、そういう場所でのサービス開始を期待します。

　また予約や決済がスマートフォンのアプリなどで可能になれば、とりわけ
外国人観光客にとっては親和性が高くなるはずです。ちなみに、アサヒタク
シーの通常のタクシーはUberやDiDiに対応しています。

　グリーンスローモビリティそれ自体はシンプルな成り立ちですが、MaaS
導入によってサービス面では最新レベルとなります。**車両のコストを抑えつ
つ、高水準の利便性や快適性を利用者にもたらすことが可能**となるのです。
財政面で厳しい状況に置かれている地方の公共交通にとって、検討に値する
モビリティサービスではないでしょうか。

第
9
章

■ 日本の国際空港のユニバーサルデザインはトップレベル

　ヘルシンキでWhimを何度か使用して感じたことのひとつに、予想以上に徒歩移動を活用することがありました。目的地の最寄りの停留場まで路面電車で案内するのではなく、途中の停留場から歩いていく指示を出すことが多いのです。そのほうが早く到着するからでしょう。ただその過程で、10分ほど歩いたり階段を使ったりということもありました。

　徒歩も交通機関のひとつであることを教えられましたが、自分が車いすやベビーカーの利用者だったらどう思っただろうと考えたりもしました。

　筆者（森口）がよく使う東京のJRや地下鉄などでは、駅や車内に出口の階段やエスカレーターの位置が、主な施設名などと共に表示されます。ここまできめ細かい案内は、海外では見た記憶がありません。

　ユニバーサルデザインの対応では、日本は欧米に遅れていると思っている人が多いようで、実際にそういう分野もありますが、海外からの来日者の玄関口となる国際空港は、ユニバーサルデザインでは世界的に高い評価を受けているという事実もあります。

　世界の空港やエアラインを評価している「SKYTRAX」という組織が2019年から制定したWorld's Best Airport for PRM and Accessible Facilities（高齢者、障害のある方や怪我をされた方に配慮された施設の評価／PRMはPersons with Reduced Mobilityの略）では、**1位が羽田、2位が成田、3位が関西で、10位までに中部、福岡、伊丹と合計6空港**が入っています（**図9-5-1**）。

　空港の設計に関わっている方、この分野を研究している方の話を聞くと、我が国では中部を皮切りに、羽田国際線、成田、新千歳空港国際線の建築や

図9-5-1 国際空港高齢者・障害者・傷病者配慮施設ランキング

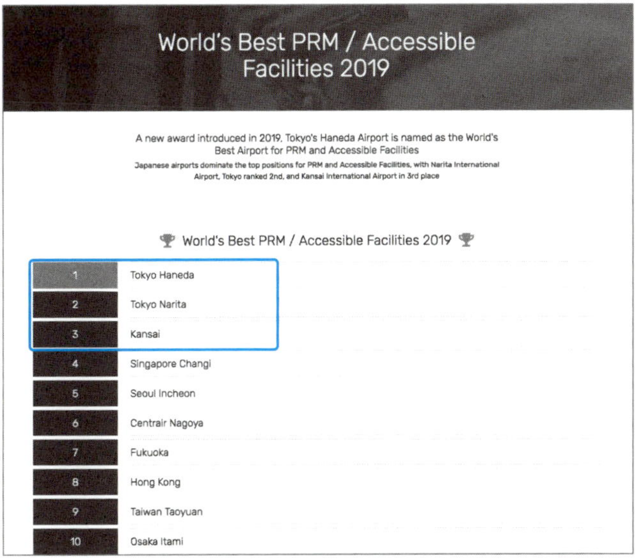

2019年から設定されたランキングで日本の空港が1〜3位独占

出典：World's Best PRM / Accessible Facilities 2019（https://www.worldairportawards.
com/worlds-best-prm-accessible-facilities-2019/）より引用

改修において障害当事者が参加しており、それが世界的な評価につながっているとのことでした。

■ 徒歩移動時に優しいサービス

　こうした日本人ならではのきめ細かい配慮は、MaaSにおいても役立つと考えていますし、そう思わせる実例はいくつかあります。

ナビタイムのきめ細やかなサービス提供

　Section6-8（➡P.182）で触れた「NAVITIME」は、徒歩ルートにおいて「屋根が多いルート」「階段が少ないルート」「エレベーターやエスカレーターを優先利用するルート」などの**徒歩移動者に優しい条件を指定**することができます。鉄道のルートでは**乗り換えに最適な号車や出口の位置がわかります**。

第
9
章

さらにナビタイムジャパンは、国土交通省が公表する全国515社（保有台数5台以上）の路線バス事業者を調査し、時刻表やバス停位置などの情報を電子データ化することで、情報提供できる仕組みを構築しました。2006年から11年間かけて各事業者に交渉してデータを収集し、手作業で統一フォーマットに変換して、実地調査も独自に行ったそうです。全国の路線バスに100%対応した経路案内の提供は日本初であり、2018年度のグッドデザイン賞でグッドフォーカス賞を受賞しました。

ベビーカー利用者のためのサービス

　同じく2018年度にグッドデザイン賞に輝いたものとして、東京メトロがベビーカー利用者のために提供した、駅のエレベーター有無や乗車位置、駅構内図を調べることができるウェブサイト「**baby metro**」があります（**図9-5-2**）。

　baby metroはまず2018年3月から7月まで実証実験を行い、情報やデザ

図9-5-2　東京メトロ「baby metro」

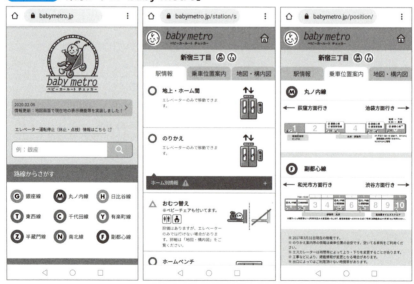

エレベーターやホームベンチの有無、乗車位置などを案内
出典：baby metro公式ウェブサイト（https://www.babymetro.jp/）

インを検証しました。その結果、**おむつ替え施設の有無表示、周辺地図への
エレベーターのある駅出入口表示**などの改善も行い、2019年8月から本格
的なサービスに発展しています。**ベビーカー利用者だけでなく高齢者、障害
者にも有用なサービス**です。

　いずれも多大な労力が必要であり、簡単には成し遂げられない内容ではあ
りますが、こうした部分にまで気づき、動くことこそ日本人の美点のひとつ
であり、日本らしいモビリティサービスとして確立されつつあると思ってい
ます。MaaSにおいてもこのきめ細かさが発揮されれば、他国に対するアド
バンテージになると考えています。

第
9
章

索引

258

おわりに

　この本の発売のちょうど1年前の2019年4月19日に、池袋で高齢運転者による多重事故が発生しました。これをきっかけに、高齢者が運転する自動車事故をどのように減少させるか、運転免許証を返納してもらうかを、国や自治体、家族が真剣に考えるようになりました。

　しかし「自動車がなければ買い物や病院にいけない。運転免許証を返納すると生活ができない」という悲痛な叫びが高齢者から寄せられています。また家族は「親が運転免許証をなかなか返納してくれない」「返納した後の生活をどう支えるかも問題だ」「運転免許証を返納してから、引きこもってしまった」などと頭を抱えています。

　このように私たちは、高齢者に運転免許証を返納してもらうことに力を入れていますが、安心して気持ちよく返納してもらったり、返納した後の文化的な暮らしを行うための環境づくりが後手に回ってしまってはいないでしょうか。

　自動車が運転できなくなっても文化的な生活ができる環境は、すぐにできるものではありません。いつ何時、自分も身体機能が低下して、自動車が運転できなくなるかもしれない日に備えて、年月をかけて地域ぐるみで育てる必要があります。移動は何を使って移動するかだけでなく、どこへ行くか、その行き先によっても大きく左右されます。自動車での移動が多い地域では、気がつくと、歩いて買い物に行ける商店や病院はどんどんなくなっています。

　MaaSとは、デジタルの力をうまく使って、自動車を自分で運転できなくても、文化的で持続可能な生活ができる地域づくりだと私は考えています。大企業や国がMaaSに興味を持っているこの機会を逃さず、うまく使って欲しいと考えています。またMaaSという言葉が注目されなくなったとしても、私たちの社会の課題の多くは変わりません。流行りに流されず、長い目でじっくりと向き合って、より良い暮らしや社会を一緒に作っていきましょう。

2020年4月　楠田悦子

著者紹介

楠田悦子（くすだ えつこ）

モビリティ・ジャーナリスト

心豊かな暮らしと社会のための、移動手段・サービスの高度化・多様化と環境について、分野横断的、多層的に国内外を比較し、社会課題の解決に向けて活動を行っている。自動車新聞社モビリティビジネス専門誌『LIGARE』初代編集長を経て、2013年に独立。「東京モーターショー2013 スマートモビリティシティ2013」編集デスク、「自転車の活用推進に向けた有識者会議」、「交通政策審議会交通体系分科会第15回地域公共交通部会」、「MaaS関連データ検討会」などの委員を歴任する。

森口将之（もりぐち まさゆき）

早稲田大学卒業後、出版社勤務を経て1993年にフリーランスジャーナリストとして独立。移動や都市という視点から自動車や公共交通を取材し、雑誌、インターネット、テレビ、ラジオ、講演などで発表。2011年には株式会社モビリシティを設立しリサーチやコンサルティングも担当する。グッドデザイン賞審査委員、日本カー・オブ・ザ・イヤー選考委員などを歴任。

著書に『MaaS入門 まちづくりのためのスマートモビリティ戦略』（学芸出版社）、『パリ流環境社会への挑戦』（鹿島出版会）、『富山から拡がる交通革命』（交通新聞社）、『これから始まる自動運転 社会はどうなる!?』（秀和システム）などがある。

最新 図解で早わかり
MaaS（マース）がまるごとわかる本

2020年5月10日　初版第1刷発行

著　者	楠田悦子・森口将之
装　幀	植竹 裕
発行人	柳澤淳一
編集人	久保田賢二
発行所	株式会社　ソーテック社

　　　　　〒102-0072 東京都千代田区飯田橋4-9-5　スギタビル4F
　　　　　電話：注文専用　03-3262-5320
　　　　　FAX：　　　　　03-3262-5326

印刷所　　大日本印刷株式会社